Bitcoin

Da Principiante a Esperto di Criptovalute:
Navigare il Paesaggio del Bitcoin con Sicurezza

Marco Ferri

Indice

INTRODUZIONE

Benvenuti a "Bitcoin: Da Principiante a Esperto di Criptovalute- Navigare il Paesaggio del Bitcoin con Sicurezza." In questo e-book, ci incamminiamo in un viaggio attraverso il mondo affascinante del Bitcoin, la rivoluzionaria valuta digitale che ha sconvolto il settore finanziario.

Questo e-book è pensato per essere la vostra guida completa, sia che siate principianti che sperate di comprendere i fondamenti del Bitcoin, sia che siate aspiranti esperti di criptovalute desiderosi di approfondire le vostre conoscenze e navigare le complessità dell'ecosistema del Bitcoin. Quando avrete finito, avrete piena fiducia nella vostra capacità di interagire con il Bitcoin, fare scelte sagge e sfruttarne il potenziale.

Il Bitcoin è molto più di una semplice forma di denaro digitale. È una forza trasformativa che mette alla prova i sistemi finanziari esistenti e apre nuove opportunità per le persone in tutto il mondo. La sua natura decentralizzata lo distingue dalle valute convenzionali e crea una miriade di opportunità. È protetto dalla crittografia all'avanguardia e guidato dalla tecnologia blockchain.

In questo e-book, inizieremo il nostro viaggio approfondendo le idee sottostanti al Bitcoin. Esamineremo la sua storia, comprenderemo come si differenzia dal denaro tradizionale ed esploreremo il ruolo che la blockchain, la decentralizzazione e la crittografia giocano nell'intero ecosistema del Bitcoin.

Con una solida base, vi guideremo attraverso le applicazioni pratiche del Bitcoin. Scoprirete come creare un portafoglio Bitcoin, scegliere un exchange affidabile e acquistare i vostri primi Bitcoin in modo sicuro. Per aiutarvi a sentirvi a vostro agio con le transazioni online, demistificheremo il processo di invio e ricezione dei pagamenti in Bitcoin.

Senza parlare del procedimento affascinante del mining di Bitcoin e del suo legame con la blockchain, nessuna indagine sul Bitcoin sarebbe completa. Esploreremo il funzionamento interno del mining, parleremo dell'hardware e del software rilevanti e faremo luce sul ruolo critico della blockchain nel proteggere le transazioni Bitcoin.

Il trattamento delle criptovalute deve essere fatto con la massima cura in termini di sicurezza e privacy. Vi forniremo consigli cruciali su come proteggere i vostri investimenti in Bitcoin, evitare frodi e attacchi informatici e trovare un equilibrio tra privacy e trasparenza all'interno della rete Bitcoin.

Approfondiremo sempre di più il mondo del trading e degli investimenti in Bitcoin man mano che procediamo. Conoscerete la volatilità del prezzo del Bitcoin, i vari metodi di trading e le idee di investimento a lungo termine. Vi daremo le risorse necessarie per gestire saggiamente i rischi e evitare gli errori comuni nel mercato delle criptovalute in continua evoluzione.

Inoltre, discuteremo delle implicazioni normative e legali del Bitcoin. Esamineremo i molteplici contesti normativi internazionali a cui è soggetto il Bitcoin, sottolineeremo le implicazioni fiscali delle transazioni Bitcoin e approfondiremo le questioni legali e le controversie che il Bitcoin ha incontrato. Considereremo anche le prospettive per la regolamentazione del Bitcoin in futuro e le sue potenziali implicazioni per il sistema finanziario più ampio.

Infine, discuteremo delle criptovalute alternative e esamineremo le loro qualità e possibilità speciali. Andremo oltre il Bitcoin e esamineremo gli usi più ampi della tecnologia blockchain mentre parleremo del presente e dei futuri potenziali dell'industria delle criptovalute. Infine, presenteremo previsioni e scenari per il futuro del Bitcoin e la sua capacità di alterare fondamentalmente il settore finanziario.

Iniziando su questo percorso da principiante a esperto di criptovalute, acquisirete le informazioni e la fiducia necessarie per navigare facilmente il paesaggio del Bitcoin. Quindi, immergiamoci, impariamo di più sul Bitcoin e scopriamo le opportunità che vi attendono in questo nuovo e affascinante regno digitale.

CAPITOLO I

Comprendere i Fondamenti del Bitcoin

Cos'è il Bitcoin?

Il Bitcoin si è affermato come una forza significativa e rivoluzionaria nei campi della finanza e della tecnologia nell'era moderna della tecnologia digitale. Il Bitcoin è un tipo di valuta digitale decentralizzata che funziona in modo indipendente dalle istituzioni bancarie tradizionali. È stato introdotto per la prima volta in circolazione nel 2009, sotto lo pseudonimo Satoshi Nakamoto, da una persona o gruppo non identificato. Il Bitcoin ha radicalmente modificato il nostro modo di pensare e comportarci nei confronti dei sistemi monetari grazie alla sua innovativa implementazione della tecnologia blockchain e dei concetti crittografici. In questa sezione, esamineremo i componenti fondamentali del Bitcoin, inclusi il suo concetto, la tecnologia su cui si basa e le importanti proprietà che possiede.

Una valuta digitale peer-to-peer chiamata Bitcoin consente di effettuare transazioni su internet in modo sicuro e decentralizzato. A differenza delle valute fiat tradizionali come l'Euro e il Dollaro USA, il Bitcoin non è governato da alcuna autorità centrale come governi o istituzioni finanziarie. Invece, è gestito su una rete decentralizzata di computer chiamata blockchain. Questa rete è responsabile della verifica e registrazione delle transazioni.

La tecnologia blockchain, un concetto innovativo che protegge la trasparenza, la sicurezza e l'immutabilità delle transazioni, è al cuore del Bitcoin. La blockchain è un database distribuito che crea una catena di blocchi memorizzando tutte le transazioni di Bitcoin nell'ordine in cui sono avvenute. Ogni blocco contiene un insieme di transazioni e una volta che un blocco è stato incluso nella catena, viene considerato permanente e resistente alla manipolazione. Grazie alla natura decentralizzata della blockchain, è impossibile per un singolo ente esercitare controllo o apportare modifiche alla storia delle transazioni. Copie del registro sono memorizzate su vari computer distribuiti sulla rete.

Poiché il Bitcoin è una valuta digitale decentralizzata, non c'è più bisogno di intermediari come le banche per elaborare le transazioni. Invece, le transazioni vengono effettuate direttamente tra i partecipanti, eliminando la necessità di un intermediario e riducendo contemporaneamente i costi e i ritardi associati al processo. Grazie alla mancanza di un punto centrale di fallimento, la sicurezza e la resilienza della rete sono notevolmente migliorate grazie alla decentralizzazione.

A differenza delle valute tradizionali, che possono essere prodotte o create a volontà, il Bitcoin ha un'offerta limitata e non può essere creato più di quanto già esista. La quantità totale di Bitcoin che esisterà è stata fissata a 21 milioni, garantendo che la criptovaluta sarà sempre scarsa e potrebbe potenzialmente mantenere il suo valore nel tempo. Questo approvvigionamento controllato è realizzato attraverso un processo chiamato mining, in cui le persone competono tra loro per risolvere difficili puzzle matematici in cambio di Bitcoin appena prodotti.

La blockchain stessa è aperta all'ispezione pubblica, a differenza della natura pseudonima delle transazioni Bitcoin. Ciò significa che le persone sono conosciute solo dagli indirizzi Bitcoin che utilizzano anziché da altre informazioni personalmente identificabili. È possibile per chiunque osservare la cronologia delle transazioni e gli indirizzi ad esse collegati, offrendo un livello di trasparenza che non ha eguali nei sistemi finanziari tradizionali. È importante tenere presente, tuttavia, che il livello di anonimato può essere compromesso se l'identità del titolare di un indirizzo Bitcoin viene scoperta tramite un altro metodo.

L'integrità e la validità di ogni transazione sono protette da metodi crittografici, che vengono utilizzati per garantire le transazioni Bitcoin. Dopo che una transazione è stata convalidata e caricata sulla blockchain, è estremamente difficile annullare o annullare la transazione in qualsiasi modo. La struttura decentralizzata della blockchain, unita a sofisticati metodi di crittografia, offre un elevato livello di sicurezza e protegge da manipolazioni e frodi.

Il Bitcoin possiede anche una vasta gamma di altre applicazioni, oltre a fungere da valuta digitale. Ha aperto la porta a una vasta varietà di applicazioni e casi d'uso, tra cui i seguenti:

Le persone possono bypassare il sistema bancario tradizionale e trasferire e ricevere fondi direttamente tramite l'uso di Bitcoin. Questo ha implicazioni particolarmente importanti per le transazioni internazionali, che, rispetto alle tecniche convenzionali, possono essere completate in un tempo più breve e a un costo totale inferiore.

Alcuni considerano il Bitcoin come un deposito digitale di valore, analogo all'oro digitale. Le persone che cercano un'alternativa agli asset tradizionali e un potenziale strumento di protezione dall'inflazione potrebbero trovare il Bitcoin un'opzione interessante a causa della sua offerta limitata e della sua decentralizzazione.

Il prezzo del Bitcoin è notoriamente imprevedibile, il che lo rende attraente per gli investitori e i trader che desiderano trarre profitto dalle oscillazioni di prezzo della criptovaluta. Gli scambi di criptovalute come il Bitcoin consentono alle persone di partecipare al mercato delle criptovalute facilitando l'acquisto e la vendita di Bitcoin.

Il Bitcoin ha la capacità di fornire servizi finanziari a popolazioni non bancarizzate e sottobancarizzate, in particolare nei paesi in via di sviluppo. Questo è particolarmente vero nei paesi in cui manca un'infrastruttura bancaria tradizionale. Consente a coloro che non hanno accesso ai servizi bancari convenzionali di inviare e ricevere denaro in modo sicuro ed economico.

Il modo in cui pensiamo e affrontiamo il denaro sta subendo una transizione fondamentale a causa dell'introduzione del Bitcoin. A causa del suo carattere decentralizzato, reso possibile dalla tecnologia blockchain e dai concetti crittografici sottostanti, è una valuta digitale sicura, trasparente e senza frontiere. Mentre continuiamo a osservare lo sviluppo e l'adozione in corso del Bitcoin, possiamo prevedere che il suo impatto sull'industria finanziaria e sulla società nel suo complesso sarà rivoluzionario. Il Bitcoin ha indubbiamente cambiato il modo in cui pensiamo ai sistemi monetari e alle opportunità disponibili nello spazio digitale, indipendentemente dal fatto che diventi o meno una valuta mainstream o serva da base per ulteriori sviluppi tecnologici.

Breve storia del Bitcoin

Il Bitcoin, la rivoluzionaria valuta digitale che ha catturato l'immaginazione di individui oltre che di aziende in una vasta gamma di settori, ha una storia affascinante. Dal suo nascere nel 2009, il Bitcoin ha attraversato un viaggio straordinario, passando da una semplice idea limitata a un certo mercato a un fenomeno che abbraccia l'intero mondo. In questa sezione, esamineremo i punti di svolta significativi e gli eventi che hanno definito la storia del Bitcoin, tracciando i suoi inizi così come i suoi sviluppi, le sue lotte e le sue vittorie degne di nota.

Nell'ottobre del 2008, è stato pubblicato un documento intitolato "Bitcoin: A Peer-to-Peer Electronic Cash System" come whitepaper, segnando l'inizio della storia del Bitcoin. Il creatore, che usava lo pseudonimo Satoshi Nakamoto, presentava un piano per una valuta digitale non controllata da un'unica istituzione. Questo whitepaper presentava l'idea della blockchain, la tecnologia sottostante che avrebbe trasformato il modo in cui le transazioni vengono effettuate e validate. La blockchain avrebbe consentito la registrazione e la verifica delle transazioni su registri decentralizzati e distribuiti.

Dopo la pubblicazione del whitepaper, Satoshi Nakamoto ha registrato il dominio bitcoin.org nell'agosto del 2008 e ha rilasciato il codice sorgente del software nel gennaio del 2009. Entrambi questi eventi sono seguiti alla pubblicazione del whitepaper. Questo ha reso possibile per gli appassionati di criptovalute e gli sviluppatori iniziare a sperimentare e contribuire allo sviluppo della criptovaluta. Il lancio ufficiale della rete Bitcoin è avvenuto il 3 gennaio 2009, quando Satoshi Nakamoto ha minato con successo il primo blocco, anche chiamato Genesis Block della blockchain Bitcoin.

All'inizio, c'era solo una piccola comunità di persone interessate al Bitcoin. I minatori si sono uniti alla rete e hanno contribuito con la potenza computazionale per convalidare le transazioni in cambio di Bitcoin appena creati. I minatori hanno anche guadagnato Bitcoin per i loro contributi. Nel maggio del 2010, Laszlo Hanyecz è accreditato per aver effettuato la prima transazione utilizzando Bitcoin nel mondo reale pagando 10.000 Bitcoin per due pizze.

Un punto di svolta significativo nello sviluppo del Bitcoin è avvenuto nel 2010 quando il primo exchange di Bitcoin, Mt. Gox, ha aperto le porte ai clienti. Gli exchange forniscono canali per acquistare e vendere Bitcoin, facilitando l'incorporazione della criptovaluta nel sistema finanziario più ampio. Nel corso di diversi anni, il prezzo del Bitcoin ha cominciato a mostrare una notevole volatilità, seguita da una scoperta di nuovi livelli di prezzo.

Il fatto che il Bitcoin fosse utilizzato come principale mezzo di pagamento sulla Silk Road, un mercato online dove venivano venduti droghe e altri prodotti illegali, ha attirato l'attenzione sulla connessione della criptovaluta con attività illegali. Il successivo smantellamento della Silk Road da parte delle autorità di contrasto ha posto l'attenzione sui potenziali problemi normativi legati alle criptovalute.

Mt. Gox, che era stato il più grande exchange di Bitcoin in un certo periodo, ha subito una massiccia violazione della sicurezza nel 2014, che ha portato al furto di circa 850.000 Bitcoin. Questa tragedia ha messo in luce l'importanza della sicurezza dei depositi e il requisito critico di misure di sicurezza informatica complete all'interno dell'ecosistema del Bitcoin.

Con l'aumentare della popolarità del Bitcoin, i governi e le agenzie regolatorie di tutto il mondo hanno compreso la necessità di quadri legali per affrontare preoccupazioni come il riciclaggio di denaro illecito, le attività fraudolente e la protezione dei consumatori. Paesi come il Giappone, la Svizzera e Malta sono emersi come precursori nella promulgazione di legislazioni favorevoli alle criptovalute.

Anche le istituzioni finanziarie e le aziende tradizionali hanno cominciato a dimostrare interesse nei confronti del Bitcoin e della tecnologia blockchain. La validità e l'accessibilità del Bitcoin sono aumentate grazie alle decisioni di importanti aziende di iniziare ad accettarlo come mezzo di pagamento. Queste aziende includono Microsoft, Expedia e PayPal.

Presentando Proposte di Miglioramento del Bitcoin, o BIP, i membri della comunità Bitcoin contribuiscono attivamente all'evoluzione della criptovaluta. Queste proposte promuovono modifiche e miglioramenti al protocollo, che porterebbero all'introduzione di nuove funzionalità come il sistema Segregated Witness (SegWit) e la Lightning Network. Le fork, che hanno portato all'emergere di criptovalute alternative come Bitcoin SV e Bitcoin Cash, hanno acceso dibattiti e fornito agli appassionati di Bitcoin nuove opportunità.

Il Bitcoin ha ottenuto un'ampia accettazione, come dimostra il fatto che attualmente ci sono milioni di utenti della criptovaluta e un numero crescente di rivenditori che la accettano come forma di pagamento. Il Bitcoin ha di recente attirato l'attenzione di investitori istituzionali e aziende, che vedono la criptovaluta come in grado di fungere sia da deposito di valore che da protezione dall'inflazione.

Le questioni di scalabilità hanno spinto alla creazione di alternative come la Lightning Network, che consente di completare transazioni fuori catena più rapidamente e a minor costo. La regolamentazione delle criptovalute rimane un punto di contesa per i governi di tutto il mondo, poiché cercano di trovare un equilibrio tra la promozione dell'innovazione e la riduzione dei rischi associati.

L'evoluzione del Bitcoin è un potente esempio del potenziale rivoluzionario della tecnologia decentralizzata. L'ascesa meteorica del Bitcoin dalle sue umili origini come whitepaper al suo attuale status di fenomeno mondiale ha suscitato l'interesse del mondo, scosso i sistemi finanziari convenzionali e affascinato le persone ovunque. Mentre il Bitcoin continua a svilupparsi, c'è una significativa possibilità che possa crescere ancora di più e avere un'influenza ancora maggiore. Questo apre un mondo di affascinanti possibilità per il futuro della finanza e oltre.

Concetti chiave: blockchain, decentralizzazione e crittografia

La blockchain, la decentralizzazione e la crittografia sono i tre concetti fondamentali che fungono da fondamenta su cui sono costruite l'innovazione e la sconvolgimento nel campo delle criptovalute. La combinazione di questi fattori porta alla formazione dei blocchi fondamentali che supportano il potenziale trasformativo delle valute digitali come il Bitcoin. In questa sezione, indagheremo ogni concetto in dettaglio, ottenendo una comprensione della loro rilevanza, dei meccanismi che li sottendono e del ruolo collettivo che giocano nel cambiare le tradizionali strutture finanziarie e di fiducia.

Nel campo delle criptovalute, la blockchain, che è una forma di tecnologia dei registri distribuiti, svolge un ruolo essenziale come pietra angolare della fiducia. È un sistema che registra transazioni che è aperto, sicuro e impossibile da cambiare. Il registro distribuito, spesso chiamato blockchain, è composto da una catena di blocchi, ognuno dei quali memorizza una collezione di transazioni. Una catena si forma dai blocchi quando sono collegati tra loro utilizzando algoritmi crittografici di hash. Questa struttura garantisce che qualsiasi manipolazione di un blocco precedente renderà invalidi i blocchi successivi, garantendo così l'integrità dell'intero registro.

Le applicazioni e i benefici della tecnologia blockchain sono numerosi. Elimina la necessità di utilizzare intermediari nelle transazioni, rendendo più facile per le persone interagire direttamente tra loro. Inoltre, la sua apertura, sicurezza e immutabilità la rendono adatta all'uso in una varietà di settori, inclusa l'amministrazione delle catene di approvvigionamento, il settore bancario, i sistemi di voto e i diritti di proprietà intellettuale.

Una rete o una comunità è considerata decentralizzata quando il potere, l'autorità decisionale e il controllo sono distribuiti su tutta la rete o la comunità stessa. Gli individui hanno più potere, e la loro dipendenza dagli intermediari è diminuita, grazie alla decentralizzazione, che comporta l'eliminazione dei punti centrali di controllo e il ricorso invece a una rete peer-to-peer (P2P). I partecipanti si connettono direttamente tra loro in questo modello, il che aiuta a costruire un sistema più equo e inclusivo.

Ci sono diversi vantaggi che derivano dalla decentralizzazione. Migliora la sicurezza rimuovendo punti centrali di vulnerabilità che potrebbero essere attaccati. Favorisce la privacy personale, l'opposizione alla censura e la resilienza di fronte agli ostacoli. Inoltre, la decentralizzazione favorisce l'innovazione, che a sua volta dà potere agli individui in aree che hanno un accesso limitato alle forme convenzionali di servizio finanziario, consentendo così una maggiore inclusione finanziaria.

Nel campo digitale, la crittografia è il componente essenziale che supporta la sicurezza. Metodi di crittografia vengono utilizzati per garantire la riservatezza delle informazioni e delle comunicazioni. Il testo in chiaro viene trasformato in testo cifrato durante il processo di crittografia, rendendolo illeggibile in assenza della corretta chiave di decrittazione. In crittografia a chiave pubblica viene utilizzato un paio di chiavi, una pubblica e una privata. La chiave pubblica è quella utilizzata per la crittografia, mentre la chiave privata è quella mantenuta segreta e utilizzata per la decrittazione.

La prova di autenticità e integrità può essere ottenuta attraverso l'uso delle firme digitali, un componente essenziale della crittografia. Queste assicurano che i messaggi non possano essere alterati o falsificati in alcun modo. L'uso della crittografia è fondamentale per il processo di salvaguardia delle reti blockchain, che avviene proteggendo il segreto e l'integrità delle transazioni e gettando le basi per interazioni peer-to-peer sicure.

La blockchain, la decentralizzazione e la crittografia lavorano tutte insieme in armonia per consentire alle transazioni digitali di essere affidabili, trasparenti e sicure. La blockchain fa uso della crittografia per garantire la sicurezza delle transazioni, mentre la decentralizzazione assicura che il potere sia distribuito equamente sulla rete, risultando in un sistema più robusto e inclusivo.

Queste idee, quando combinate, causano l'instabilità delle strutture tradizionali. Ridefiniscono la fiducia, la privacy e la proprietà dei dati personali e offrono nuove possibilità in finanza, governance, gestione della catena di approvvigionamento e altri settori. Gli individui e le comunità hanno la possibilità di trattare direttamente tra loro senza bisogno di intermediari.

D'altro canto, ci sono ostacoli lungo il cammino verso la realizzazione completa. Lo sviluppo continuo e lo studio attento sono necessari per affrontare questioni relative alla scalabilità, all'uso dell'energia, ai quadri regolatori e all'adozione da parte degli utenti. Trovare soluzioni a questi problemi sarà assolutamente necessario per rilasciare il completo potenziale della tecnologia blockchain, della decentralizzazione e della crittografia.

Il potenziale rivoluzionario delle valute digitali è supportato da tre pilastri: la blockchain, la decentralizzazione e la crittografia. Ognuno di questi pilastri svolge un ruolo importante. In un mondo che sta diventando sempre più interconnesso, essi ridefiniscono cosa significhi riporre fiducia l'uno nell'altro, incoraggiano le relazioni tra pari e migliorano sia la sicurezza che la privacy. L'influenza di queste idee mentre continuano a svilupparsi e a trovare applicazioni più ampie trasformerà i vecchi sistemi finanziari e governativi, aprendo così un'era nuova caratterizzata da trasparenza, emancipazione e innovazione. Quando queste idee vengono abbracciate e sviluppate ulteriormente, sarà possibile avvicinarsi a un futuro fondato sulla fiducia, sulla decentralizzazione e sulle interazioni digitali sicure.

Come il Bitcoin si differenzia dalle valute tradizionali

Il Bitcoin, una moneta digitale decentralizzata, è emerso di recente come una forza in grado di trasformare il paesaggio monetario esistente, controllato dalle valute fiat. Le sue qualità uniche e la tecnologia su cui è basato sono ciò che lo ha portato al vertice dell'innovazione nell'industria finanziaria. In questa sezione, esamineremo le principali distinzioni che esistono tra il Bitcoin e le valute convenzionali analizzando le rispettive strutture, le caratteristiche transazionali, i quadri regolatori e le implicazioni potenziali per il sistema monetario in futuro.

Le transazioni in Bitcoin vengono validate e registrate attraverso una rete distribuita chiamata blockchain. Questa rete è decentralizzata e funziona sul protocollo Bitcoin. Grazie a questa decentralizzazione, non c'è più bisogno di intermediari come banche o autorità centrali. Invece, c'è un sistema peer-to-peer in atto, che dà alle persone più potere e riduce la dipendenza dalle istituzioni centralizzate.

Le banche centrali e i governi sono responsabili dell'emissione e della regolamentazione delle valute tradizionali, dette anche valute fiat. Possono assumere la forma di oggetti fisici come banconote e monete, oltre a prendere una forma elettronica all'interno del sistema bancario. Le valute fiat si basano su un quadro centralizzato, in cui le banche centrali regolano l'offerta di denaro, stabiliscono i tassi di interesse ed eseguono politiche monetarie. Le valute fiat sono anche conosciute come valute cartacee.

Un algoritmo matematico garantisce che la quantità totale di Bitcoin in circolazione su tutta la rete non supererà mai i 21 milioni in qualsiasi momento. A causa dell'offerta fissa di Bitcoin, è una valuta deflazionistica perché il ritmo con cui vengono creati nuovi token diminuisce nel tempo. Le valute tradizionali, d'altra parte, non hanno alcun limite definito e possono essere emesse o distrutte dalle banche centrali. Questo fornisce flessibilità nella gestione dell'inflazione e nel mantenimento della stabilità economica.

Le transazioni in Bitcoin vengono registrate pubblicamente su un registro distribuito chiamato blockchain, che fornisce sia responsabilità che trasparenza. Gli indirizzi crittografici, d'altra parte, garantiscono che le identità delle persone che partecipano alle transazioni siano tenute segretamente nascoste in uno stato pseudonimo. Le transazioni di valuta tradizionale, d'altra parte, dipendono dai sistemi bancari centralizzati e sono quindi soggette a regole come le leggi sulla conoscenza del cliente e anti-riciclaggio. Tuttavia, per combattere le attività illegali e proteggere la privacy delle persone, queste normative danno anche alle istituzioni finanziarie accesso alle informazioni sulle transazioni dei clienti.

La struttura decentralizzata del Bitcoin rende possibile condurre transazioni oltre i confini nazionali, eliminando il bisogno di intermediari. Oltrepassando sia le banche che i fornitori di valuta estera, i trasferimenti internazionali di Bitcoin possono potenzialmente essere effettuati a un costo inferiore e in un minor tempo rispetto ai modi più convenzionali. Le transazioni di valuta tradizionale, d'altra parte, includono tipicamente istituzioni intermedie, cambi valutari e procedure di regolamento prolungate. Queste transazioni tradizionali sono anche soggette a tasse, tassi di cambio e vincoli regolatori.

Il prezzo del Bitcoin è rinomato per essere estremamente volatile, con enormi oscillazioni che si verificano in periodi relativamente brevi. Questa volatilità può essere attribuita a una varietà di variabili, tra cui la speculazione di mercato, gli sviluppi nei quadri regolamentari e la dimensione relativa del mercato del Bitcoin. D'altro canto, le valute tradizionali sono spesso percepite come più stabili grazie all'infrastruttura robusta e alla liquidità offerte dai sistemi finanziari consolidati. Questo perché i sistemi finanziari tradizionali esistono da più tempo. La politica monetaria e le interventi diretti sul mercato sono due degli strumenti che le banche centrali hanno a disposizione per cercare di mantenere stabili i valori delle valute.

Poiché opera al di fuori dei quadri regolamentari tradizionali, il Bitcoin ha spinto governi e organizzazioni regolamentari di tutto il mondo a considerare nuove preoccupazioni e affrontare nuove sfide. Esiste una vasta gamma di possibili misure regolamentari, dalle prohibizioni complete alla formulazione di regolamenti unici per le valute digitali. Le valute tradizionali, d'altra parte, sono soggette a sistemi regolamentari completi, supervisionati dalle banche centrali e da altre agenzie regolamentari finanziarie.

Il carattere disruptivo del Bitcoin ha importanti implicazioni per il sistema monetario del futuro. Ha la capacità di far diventare parte del sistema finanziario comunità precedentemente non bancarizzate e di stimolare l'innovazione in aree diverse dall'uso delle valute. Le continue conversazioni e ricerche sulle valute digitali delle banche centrali (anche conosciute come CBDC) indicano la possibilità di una convergenza tra i vantaggi delle valute tradizionali e quelli degli asset digitali.

L'introduzione del Bitcoin ha inaugurato una nuova era nella storia delle valute. Il carattere controllato e regolato delle valute tradizionali è messo in discussione dalla struttura decentralizzata della criptovaluta, dalla quantità finita, dall'operatività trasparente e dalla capacità di transazioni senza confini. La volatilità del Bitcoin e le difficoltà poste dalle regolamentazioni probabilmente rimarranno, ma l'accettazione crescente del Bitcoin e gli sviluppi tecnologici da esso generati suggeriscono un futuro in cui valute tradizionali e asset digitali coesisteranno, consentendo un ecosistema finanziario più inclusivo, efficiente e innovativo. Il Bitcoin e altre criptovalute giocheranno senza dubbio un ruolo significativo nella definizione del futuro del denaro mentre l'evoluzione continua, e questo ruolo è destinato a crescere nel tempo.

CAPITOLO II

Iniziare con il Bitcoin

Configurare un portafoglio Bitcoin

Come l'uso di Bitcoin e altre criptovalute continua a crescere in popolarità, un numero sempre maggiore di utenti sta cercando metodi per conservare e amministrare in modo sicuro i propri asset digitali. Creare un portafoglio Bitcoin è un passaggio importante da compiere prima di tuffarsi a capofitto nel mondo del Bitcoin. Un portafoglio Bitcoin è un deposito digitale che conserva le tue chiavi private e ti consente di inviare, ricevere e conservare Bitcoin. In questa sezione, presenteremo una guida dettagliata su come creare un portafoglio Bitcoin. Esamineremo i vari tipi di portafogli, le loro caratteristiche e le considerazioni sulla sicurezza associate a ciascuna forma di portafoglio, oltre a fornire istruzioni passo-passo su come creare un portafoglio e mantenerlo sicuro.

I portafogli Bitcoin possono essere sia applicazioni software che dispositivi fisici che contengono le chiavi private di un utente. Queste chiavi private sono necessarie per accedere e gestire le risorse di Bitcoin di un utente. Ti permettono di inviare e ricevere Bitcoin, tenere traccia del tuo saldo e controllare la cronologia delle tue transazioni. Ci sono alcuni tipi distinti di portafogli Bitcoin disponibili, e ognuno di essi trova un equilibrio unico tra le due priorità di facilità d'uso e sicurezza.

I portafogli desktop, i portafogli mobili e i portafogli basati sul web sono le tre categorie principali sotto cui cadono i portafogli software. I portafogli desktop sono il tipo più frequente di portafoglio Bitcoin.

I portafogli desktop sono applicazioni che vengono scaricate e installate sul tuo computer personale o laptop. Ti forniscono il controllo completo sulle chiavi private associate al tuo portafoglio. Exodus, Electrum e Bitcoin Core sono alcuni esempi di tali software. Poiché le tue chiavi private vengono conservate localmente, questi portafogli offrono un livello eccezionalmente elevato di protezione per la tua criptovaluta. Tuttavia, per garantire la protezione dei tuoi Bitcoin, è necessario aggiornarli e farne il backup regolarmente.

I portafogli mobili semplificano l'accesso ai tuoi Bitcoin mentre sei in movimento perché sono progettati per funzionare su dispositivi portatili come tablet e smartphone. In generale, sono facili da usare e forniscono livelli più elevati di funzionalità di sicurezza. Mycelium, Breadwallet e Trust Wallet sono tre esempi noti di popolari portafogli mobili. Se la sicurezza del tuo smartphone viene compromessa, i portafogli mobili potrebbero essere più suscettibili agli attacchi informatici, per questo motivo è essenziale proteggere il tuo dispositivo utilizzando codici di accesso e autenticazione biometrica.

I portafogli basati sul web sono accessibili tramite browser web, e sono forniti da terze parti. Sono vantaggiosi perché è possibile accedere al proprio portafoglio da qualsiasi dispositivo dotato di connessione internet. Ciò li rende convenienti. Tuttavia, i portafogli basati sul web sono più inclini ad essere hackerati e a subire compromissioni della sicurezza. Coinbase, Blockchain.info e MyEtherWallet sono alcuni esempi di tali servizi. Per garantire la sicurezza delle tue chiavi private durante l'utilizzo di portafogli basati sul web, è fondamentale selezionare fornitori di servizi con una solida reputazione, attivare l'autenticazione a due fattori (2FA) e usare estrema cautela.

I portafogli hardware sono dispositivi fisici sviluppati appositamente per conservare le chiavi private offline. Di conseguenza, offrono un'opzione di archiviazione di Bitcoin estremamente sicura. Poiché le chiavi private non vengono mai trasferite dal dispositivo, offrono protezione contro malware e altri rischi di internet. Ledger, Trezor e Keep Key sono tre marchi noti che forniscono portafogli hardware. È necessario connettere un portafoglio hardware al computer o al dispositivo mobile prima di poter avviare una transazione. Le chiavi private vengono conservate in modo sicuro sul dispositivo hardware in modo che l'utente sia protetto da eventuali attacchi provenienti da internet.

Stampare entrambe le tue chiavi private e pubbliche su un pezzo di carta fisico è necessario per utilizzare un portafoglio di carta. Utilizzando questo metodo, le tue chiavi rimarranno offline, il che fornirà una maggiore protezione contro hacker e altri rischi di internet. Un portafoglio di carta può essere creato utilizzando siti web o programmi software sviluppati appositamente per creare portafogli di carta. Tuttavia, è necessario fare attenzione affinché il portafoglio di carta venga conservato in un luogo sicuro e sia protetto da danni in ogni momento. I portafogli di carta vengono utilizzati più comunemente per l'archiviazione a lungo termine piuttosto che per l'uso in frequenti operazioni finanziarie.

Le seguenti procedure devono essere completate per creare e proteggere con successo un portafoglio Bitcoin:

Fai una ricerca approfondita sui vari tipi di portafogli Bitcoin disponibili e seleziona quello che meglio si adatta alle tue esigenze e preferenze personali sul livello di sicurezza. È importante pensare a cose come l'esperienza utente, le funzionalità di sicurezza e il track record del fornitore del portafoglio.

Se opti per un portafoglio software, devi scaricare il programma del portafoglio dal sito web ufficiale del fornitore del portafoglio. Per evitare di scaricare malware o diventare vittima di una truffa di phishing, assicurati che il file che scarichi provenga da una fonte affidabile e controlla l'integrità del file dopo il download.

La procedura di inizializzazione per ogni portafoglio è diversa, ma in generale, comporta la creazione di una password sicura e unica e la produzione di una frase di backup seed. Poiché ti consente di ripristinare il tuo portafoglio nel caso diventi corrotto o perso, la frase di backup seed è un componente essenziale. Proteggiti scrivendo questa frase di seed e conservandola in un luogo sicuro che non sia online.

Puoi migliorare la sicurezza del tuo portafoglio abilitando l'autenticazione a due fattori (nota anche come 2FA), se disponibile, aggiornando regolarmente il software del portafoglio e assicurandoti che il sistema operativo e il software antivirus sul tuo dispositivo siano sempre aggiornati. Inoltre, dovresti pensare a criptare il tuo portafoglio con una password forte e utilizzare eventuali funzionalità di sicurezza offerte dal programma che gestisce il tuo portafoglio.

È assolutamente necessario effettuare frequenti backup del tuo portafoglio e conservarli in un luogo sicuro. È essenziale che questo backup contenga sia il software del portafoglio che la frase di backup seed. Esplora le tue opzioni per i backup offline e basati su cloud per garantire la ridondanza e la protezione contro la perdita di dati. Inoltre, dovresti esercitarti nel ripristinare il tuo portafoglio dal backup per verificare che il processo sia radicato nella tua memoria e funzioni correttamente.

Quando si crea un portafoglio Bitcoin, ci sono diversi aspetti della sicurezza che devono essere presi in considerazione:

La parte più vulnerabile delle informazioni contenute nel tuo portafoglio Bitcoin è la tua chiave privata. Tienile sempre al sicuro e in nessun caso rivelarle a nessuno. Per una maggiore tranquillità, potresti voler considerare di nasconderle in un portafoglio offline o su un portafoglio hardware.

Quando comunichi con siti internet relativi ai portafogli Bitcoin, procedi con estrema cautela. Sii attento agli attacchi di phishing, in cui individui disonesti si fingono fornitori di portafogli legittimi per ottenere informazioni sulle chiavi private. Utilizza un programma antivirus affidabile che sia sempre aggiornato per proteggere il tuo computer da software potenzialmente dannosi.

Mantieni la consapevolezza di eventuali aggiornamenti o correzioni di sicurezza resi disponibili dal fornitore del portafoglio. Mantenere il software del tuo portafoglio aggiornato potrebbe contribuire a garantire una protezione contro potenziali vulnerabilità di sicurezza.

Quando ci si unisce al mondo delle criptovalute, uno dei passaggi più importanti da compiere è quello di creare un portafoglio Bitcoin. Le persone possono prendere decisioni informate sulla migliore opzione di portafoglio per le loro esigenze acquisendo prima consapevolezza dei vari tipi di portafogli, nonché delle caratteristiche e delle considerazioni di sicurezza associate a ciascun tipo. Mantenere al sicuro le chiavi private e attenersi agli standard del settore è di importanza fondamentale, indipendentemente dal fatto che si scelga un portafoglio software per la sua comodità, un portafoglio hardware per la sua maggiore sicurezza o un portafoglio di carta per le sue capacità di archiviazione offline. Tenere sotto controllo la sicurezza e l'integrità del proprio portafoglio Bitcoin durante l'evoluzione continua dell'ecosistema Bitcoin è il modo migliore per garantire un'esperienza Bitcoin gratificante e priva di rischi.

Scegliere un exchange Bitcoin affidabile

Gli scambi di Bitcoin stanno diventando destinazioni sempre più allettanti per coloro che sono interessati ad entrare nel mondo degli asset digitali, a causa del continuo aumento di popolarità di Bitcoin e altre criptovalute. Queste piattaforme agiscono come intermediari, facilitando transazioni che includono l'acquisto, la vendita e lo scambio di criptovalute. Tuttavia, poiché ci sono così tanti scambi tra cui scegliere, è assolutamente necessario selezionarne uno che abbia una buona reputazione e su cui ci si possa affidare per mantenere al sicuro i propri soldi e avere un'esperienza di trading senza problemi. In questa sezione, discuteremo i vari aspetti che devono essere presi in considerazione nella scelta di uno scambio di Bitcoin. Alcuni di questi aspetti includono precauzioni di sicurezza, conformità normativa, esperienza utente, assistenza clienti e liquidità.

Uno scambio di Bitcoin affidabile pone una grande priorità nell'implementare rigide misure di sicurezza per mantenere al sicuro i fondi dei clienti. Ciò comporta il rispetto dei requisiti di conformità normativa, l'adozione dell'autenticazione a due fattori (2FA), l'utilizzo di archiviazione a freddo per la conservazione offline degli asset e la fornitura di copertura assicurativa contro eventuali perdite causate da violazioni di sicurezza.

La trasparenza e il rispetto degli standard legali possono entrambi essere garantiti selezionando uno scambio di Bitcoin che sia conforme alle regole applicabili e che possieda le licenze appropriate. Se vuoi migliorare la sicurezza e l'onestà delle tue attività di trading, dovresti cercare scambi registrati presso le agenzie regolatorie delle giurisdizioni in cui operano.

L'esperienza complessiva di trading viene migliorata con un'interfaccia utente facile da navigare. Cerca scambi con interfacce utente intuitive che rendano la navigazione facile e l'esecuzione del trading fluida. Dovresti prendere in considerazione le molte opzioni di trading disponibili, come il trading spot, il trading di margine, i contratti futures e il trading decentralizzato, per scegliere uno scambio compatibile con le tue preferenze e obiettivi di trading.

È assolutamente essenziale avere assistenza clienti efficace e pronta a rispondere per affrontare eventuali problemi, domande o problemi tecnici che possono sorgere. Scegli un mercato che offra vari metodi di supporto, come email, chat live o telefono, e fai delle ricerche per scoprire quanto tempo solitamente ci vuole affinché il mercato risponda. Considera la reputazione del mercato e valuta le recensioni lasciate dai clienti precedenti, per avere un'idea del tipo di assistenza clienti offerta.

Dovresti verificare se lo scambio supporta la valuta fiat che desideri utilizzare per depositi e prelievi prima di registrarti. Valuta la disponibilità di metodi di pagamento comodi e sicuri, come bonifici bancari, carte di credito/debito o altri processori di pagamento, per assicurarti che il processo di scambio di valuta fiat in criptovaluta avvenga senza difficoltà.

È essenziale, per confermare l'affidabilità dello scambio, condurre ricerche sulla sua reputazione e track record. Per determinare la legittimità dello scambio, è utile esaminare i commenti degli utenti, le notizie e le valutazioni offerte da fonti affidabili. Considera da quanto tempo lo scambio è in attività, poiché è di solito più rassicurante trattare con una piattaforma consolidata che è stata presente per un po' di tempo.

È assolutamente necessario utilizzare uno scambio di Bitcoin con una solida reputazione per garantire la sicurezza delle tue transazioni e l'efficacia delle tue attività di trading. Sarai in grado di prendere una decisione informata se consideri aspetti dello scambio di criptovalute come la sua reputazione e il suo track record, così come le sue misure di sicurezza, conformità normativa, esperienza utente, supporto clienti, liquidità e supporto per valute fiat. Conduci ricerche approfondite ed esercita diligenza nel selezionare una piattaforma di trading compatibile con i tuoi obiettivi di trading, che offra un ambiente di trading sicuro e protegga i tuoi fondi. Se scegli lo scambio giusto, sarai in grado di navigare con fiducia nel mondo delle criptovalute, sicuro nel sapere che i tuoi asset digitali saranno protetti e che il processo di trading si svolgerà senza intoppi.

Proteggere i tuoi investimenti in Bitcoin

È assolutamente necessario per i possessori di Bitcoin porre una grande attenzione nella protezione dei loro asset digitali, dato che sia il valore di Bitcoin che la sua popolarità continuano ad aumentare. Poiché Bitcoin è una valuta digitale decentralizzata, è necessario adottare precauzioni speciali per proteggerla da molteplici possibili minacce, tra cui furto, hacking e perdita. In questa sezione, discuteremo una varietà di approcci e migliori pratiche per preservare i tuoi Bitcoin. Affronteremo una serie di argomenti, tra cui: sicurezza del portafoglio;

scelte di backup e ripristino; metodi di archiviazione offline; portafogli multi-firma; vigilanza continua; e la necessità di misure di sicurezza complete.

Poiché si tratta di una valuta digitale, Bitcoin si basa su chiavi crittografiche anziché su asset fisici, il che presenta una serie di difficoltà distintive per quanto riguarda il mantenimento della sua sicurezza. Gli utenti sono obbligati ad implementare misure di sicurezza preventive a causa della caratteristica inalterabile delle transazioni Bitcoin e della possibilità di perdere o subire furto dei propri fondi. Come possessore di Bitcoin, sei l'unico proprietario dei tuoi asset digitali e il custode di quegli asset. Per questo motivo, è tuo dovere mantenere i tuoi Bitcoin al sicuro.

Trova un portafoglio Bitcoin affidabile è essenziale se vuoi mantenere al sicuro le tue proprietà. Portafogli di carta, portafogli hardware e portafogli software offrono gradi variabili di convenienza e sicurezza per conservare valuta digitale. Mantenere aggiornato il software del tuo portafoglio e abilitare l'autenticazione a due fattori (2FA), utilizzare password robuste e crittografia sono tutte pratiche di sicurezza fondamentali.

È assolutamente necessario creare backup del tuo portafoglio Bitcoin regolarmente per proteggerti dalla perdita di dati. È essenziale che i backup contengano non solo il software del portafoglio ma anche le chiavi private associate ad ogni tuo indirizzo Bitcoin. La ridondanza e la protezione dalla perdita di dati, furto o distruzione possono essere ottenute utilizzando una varietà di strategie di backup, come archiviazione offline, dispositivi hardware, soluzioni basate su cloud e copie fisiche multiple. Familiarizzati con il processo di recupero dati, e poi testalo utilizzando i tuoi backup per assicurarti che sia sia accessibile che funzionante.

Un ulteriore grado di protezione può essere fornito ai tuoi asset Bitcoin utilizzando un "portafoglio freddo" per conservare una percentuale considerevole di quei fondi offline. I metodi di archiviazione offline che stanno diventando sempre più popolari includono portafogli hardware e portafogli di carta. Memorizzando le chiavi private offline in un dispositivo fisico, i portafogli hardware riducono la probabilità di essere presi di mira dai cybercriminali. Per utilizzare un portafoglio di carta, devi prima stampare le tue chiavi private e gli indirizzi Bitcoin su carta e poi conservare il portafoglio di carta offline. Il rischio di perdere tutti i propri fondi a causa del guasto di un singolo portafoglio o meccanismo di archiviazione può essere ulteriormente ridotto suddividendo e diversificando quei fondi su molti portafogli e metodi di archiviazione.

I portafogli che supportano firme multiple, spesso noti come multisig, forniscono un ulteriore livello di protezione richiedendo l'uso di più di una firma per convalidare le transazioni. Quando sono coinvolti numerosi chiavi private, è molto più difficile per potenziali attaccanti ottenere un accesso illegale al sistema. Questi portafogli sono particolarmente utili per grandi detenzioni di Bitcoin o conti congiunti poiché offrono una maggiore sicurezza e protezione contro i punti di fallimento singoli.

Pratiche di sicurezza continue includono l'esecuzione di audit di sicurezza regolari, l'aggiornamento del software del portafoglio su base coerente, l'evitare di accedere ai portafogli mentre si utilizzano reti Wi-Fi pubbliche e l'essere prudenti rispetto ai tentativi di phishing e alle tecniche di ingegneria sociale. Proteggersi dalle potenziali minacce e vulnerabilità richiede di essere sempre aggiornati sulle pericolose appena scoperte e di adeguare i propri protocolli di sicurezza a queste modifiche.

È assolutamente necessario proteggere i tuoi asset Bitcoin dal furto, hacking o perdita prendendo le necessarie precauzioni. Puoi ridurre drasticamente il rischio di violazioni di sicurezza implementando rigorose procedure di sicurezza per il portafoglio, facendo regolarmente il backup del tuo portafoglio, utilizzando metodi di archiviazione offline, investigando sui portafogli multisig, praticando una vigilanza continua e conoscendo le pratiche di sicurezza più recenti. Ricorda che mantenere la sicurezza è uno sforzo continuo che richiede agilità e consapevolezza delle minacce emergenti. Sarai in grado di attraversare con successo il mondo di Bitcoin, proteggere i tuoi asset e godere dei vantaggi della ricchezza digitale in modo sicuro se hai le misure di sicurezza appropriate in atto.

Acquistare il tuo primo Bitcoin

Le persone di tutto il mondo che sono interessate ad entrare nel mondo delle criptovalute sono state sempre più curiose riguardo a Bitcoin, dato che sia la sua popolarità che il suo valore sono in aumento. Tuttavia, il processo di acquisto di Bitcoin e la navigazione del terreno complicato potrebbero essere intimidatori per coloro che stanno iniziando. In questa sezione, presenteremo una guida approfondita su come acquistare il tuo primo Bitcoin. Questa guida coprirà concetti fondamentali, la selezione di un exchange o piattaforma affidabile, spiegherà le opzioni di portafoglio, assicurerà la sicurezza e fornirà istruzioni dettagliate per aiutarti nel tuo primo acquisto di Bitcoin.

Blockchain è il nome della tecnologia sottostante che alimenta la valuta digitale decentralizzata conosciuta come Bitcoin. Consente transazioni tra individui direttamente, senza la necessità di intermediari come le banche nel processo. Offrendo un'alternativa decentralizzata ai sistemi bancari convenzionali attualmente in uso, Bitcoin ha il potenziale per portare a una grande interruzione nel sistema finanziario globale. È importante che ti informi sui concetti fondamentali riguardanti Bitcoin prima di iniziare la tua avventura con la criptovaluta. Questi concetti fondamentali includono la tecnologia blockchain, il mining, i portafogli, le chiavi private e pubbliche e il ruolo che gli exchange giocano nel rendere possibili le transazioni Bitcoin.

Per acquistare Bitcoin, dovrai selezionare un exchange o una piattaforma Bitcoin che abbia una buona reputazione e possa essere considerata affidabile. Conduci uno studio esaustivo e esercita una corretta diligenza per esaminare le varie possibilità disponibili. Considera cose come le precauzioni di sicurezza, l'esperienza utente, i costi, i paesi supportati, il supporto clienti e le normative di conformità. Scegli exchange di criptovalute che pongono una grande importanza sulla sicurezza dei loro utenti e hanno procedure rigorose per prevenire furti e hacking.

Le tue chiavi private, necessarie per accedere e gestire i tuoi Bitcoin, sono memorizzate in un portafoglio Bitcoin, che è una posizione di archiviazione digitale. Acquisisci una comprensione dei vari tipi di portafogli Bitcoin attualmente disponibili, inclusi portafogli software desktop, mobili e basati sul web, portafogli hardware, portafogli di carta e portafogli multi-firma. Ogni modello offre livelli variabili di comodità, accessibilità e sicurezza. Scegli un portafoglio che soddisfi le tue esigenze e si adatti ai tuoi gusti prestando attenzione ad aspetti come la facilità d'uso, le funzionalità di sicurezza e la disponibilità di backup.

Quando si tratta di gestire Bitcoin e proteggere la tua ricchezza digitale, mantenere un alto livello di sicurezza è di estrema importanza. Per rafforzare ulteriormente la tua sicurezza, assicurati di adottare le seguenti procedure raccomandate:

Accedi sempre al tuo account di exchange Bitcoin o effettua transazioni utilizzando una connessione internet sicura per ridurre la possibilità che i tuoi dati vengano intercettati o il tuo account venga hackerato.

Quando possibile, attiva la funzione di Autenticazione a Due Fattori (2FA) sia sul tuo account di exchange che sul tuo portafoglio. Oltre alla tua password, è richiesta una seconda forma di verifica, come un codice unico generato sul tuo smartphone, per accedere agli account protetti dalla doppia autenticazione (2FA).

Effettua regolarmente backup del tuo portafoglio e salva la frase di backup o il seed in un luogo sicuro al di fuori del tuo portafoglio. Ciò garantisce che sarai comunque in grado di ripristinare il tuo portafoglio nel caso in cui venga perso, rubato o se l'hardware che utilizza malfunzioni. Assicurati di valutare la funzionalità della procedura di ripristino una volta completati i passaggi indicati nelle istruzioni di backup fornite dal tuo fornitore di portafogli.

Implementa precauzioni di sicurezza aggiuntive come l'utilizzo di password robuste e uniche, assicurandoti che il software del tuo portafoglio sia sempre aggiornato, abilitando la crittografia se disponibile e facendo attenzione ai tentativi di phishing e connessioni sospette.

Quando sei pronto per effettuare il tuo primo acquisto di Bitcoin, assicurati di aver selezionato uno scambio affidabile, creato un portafoglio sicuro e completato eventuali altre procedure di sicurezza necessarie. Procedi nel seguente modo:

Puoi finanziare il tuo account di exchange con uno qualsiasi dei metodi di pagamento disponibili, come bonifico bancario, carta di credito o di debito, o trasferimento di un'altra criptovaluta. Quando depositi fondi, assicurati di seguire le linee guida fornite dall'exchange.

Dovrai recarti nella parte di trading della piattaforma dove stai scambiando valuta e quindi selezionare l'opzione per acquistare Bitcoin. Prima di impegnarti nell'acquisto, assicurati di inserire la quantità desiderata ed esaminare i dettagli dell'ordine. Assicurati di prendere nota di eventuali commissioni associate al completamento della transazione.

Attendi che la transazione venga completata e confermata sulla blockchain dopo che il tuo ordine è stato posizionato e confermato con successo. La congestione della rete e le regole dell'exchange scelto influenzano entrambi il tempo necessario per il processo di conferma.

Una volta che la transazione è stata finalizzata, dovresti spostare i Bitcoin acquistati dall'exchange nel tuo portafoglio personale di Bitcoin in modo che possano essere conservati in sicurezza. Per avviare il processo di trasferimento, è necessario seguire le istruzioni fornite dal provider del tuo portafoglio.

Il mondo di Bitcoin e delle altre criptovalute è in costante evoluzione e cambiamento. L'educazione e la consapevolezza dovrebbero essere una priorità assoluta se vuoi rimanere informato e prendere decisioni informate. Mantieni una conoscenza aggiornata delle ultime informazioni, sviluppi e migliori pratiche consultando fonti affidabili. Sii consapevole dei rischi che comporta investire in Bitcoin, non investire mai più denaro di quanto puoi permetterti di perdere e valuta la possibilità di cercare assistenza su misura da un consulente finanziario professionale.

L'acquisto del tuo primo Bitcoin può essere un'esperienza sia emozionante che gratificante. Sarai in grado di entrare con fiducia nel mondo delle criptovalute una volta acquisita una conoscenza delle idee importanti, selezionato uno scambio o una piattaforma affidabile, scelto un portafoglio sicuro per Bitcoin, assicurato la protezione dei tuoi fondi e seguito le istruzioni passo dopo passo per completare il tuo primo acquisto. Ricorda che la sicurezza dovrebbe essere la tua priorità assoluta, che dovresti sempre essere aggiornato sulle notizie e che dovresti sempre investire in modo responsabile. Mentre inizi la tua avventura con Bitcoin, è importante che riconosca il potere trasformativo di questa tecnologia e che goda dei vantaggi di essere un partecipante in un ecosistema finanziario decentralizzato.

CAPITOLO III

Navigare nell'Ecosistema del Bitcoin

Esplorare diversi tipi di portafogli Bitcoin

I portafogli Bitcoin sono strumenti essenziali per conservare e gestire in modo sicuro i tuoi asset digitali. Possono essere scaricati dal sito web di Bitcoin. È cruciale avere una solida comprensione dei diversi tipi di portafogli Bitcoin disponibili, specialmente con il continuo aumento della popolarità di Bitcoin. In questa sezione, discuteremo una varietà di portafogli Bitcoin, come i portafogli software (desktop, mobili e basati sul web), portafogli hardware, portafogli di carta e portafogli multi-firma. I portafogli software possono essere utilizzati su computer desktop, dispositivi mobili e sul web. Per quanto riguarda la scelta di un portafoglio Bitcoin, esamineremo le loro caratteristiche, i vantaggi e i fattori di sicurezza al fine di guidarti nella scelta più informata.

I portafogli software semplificano l'accesso e la gestione dei tuoi asset Bitcoin e sono altamente raccomandati. I portafogli desktop, come Bitcoin Core ed Electrum, ti forniscono il controllo completo sulle tue chiavi private e creano un ambiente privo di rischi per condurre transazioni Bitcoin. Grazie alla loro portabilità e semplicità di utilizzo, i portafogli mobili come Electrum e Mycelium sono ideali per l'uso in transazioni finanziarie quotidiane. I portafogli ospitati su internet, come Coinbase e Blockchain.com, possono essere accessibili tramite un browser web, consentendoti di gestire le tue possidenze di Bitcoin da una varietà di dispositivi. Tuttavia, i portafogli basati sul web dipendono dalle misure di sicurezza adottate dal fornitore del servizio.

Un dispositivo tangibile noto come portafoglio hardware è progettato per conservare le tue chiavi private offline. Aggiungono un ulteriore grado di protezione impedendo che potenziali pericoli su internet entrino in contatto con le tue chiavi. I portafogli hardware, come Trezor, Ledger e KeepKey, generano e conservano le chiavi private all'interno del dispositivo stesso. Queste chiavi private vengono utilizzate per accedere al portafoglio. Le transazioni vengono firmate digitalmente all'interno del portafoglio hardware, garantendo che le chiavi private non vengano mai esportate dal dispositivo in alcun modo. I detentori di Bitcoin che intendono conservare i loro fondi per un periodo prolungato utilizzano spesso i portafogli hardware perché forniscono un livello ottimale di protezione senza sacrificare l'usabilità.

I portafogli di carta forniscono una soluzione di archiviazione offline per le detenzioni di Bitcoin che vengono conservate per un periodo prolungato. Richiedono di stampare le tue chiavi private e gli indirizzi Bitcoin associati su un supporto fisico, più spesso su carta. I portafogli di carta offrono un alto livello di protezione perché le loro chiavi private sono conservate offline, lontano da qualsiasi minaccia potenziale che internet possa rappresentare. Tuttavia, a causa della forma fisica degli oggetti, sono soggetti a danni, perdite o furti. La generazione di portafogli di carta dovrebbe avvenire su piattaforme affidabili e protette, in quanto ciò proteggerà l'autenticità delle chiavi create.

Le transazioni Bitcoin possono essere autorizzate solo da portafogli multi-firma se viene fornita più di una firma. Forniscono un livello aumentato di sicurezza e protezione contro il furto richiedendo la partecipazione di numerose parti prima che una transazione possa essere avviata. I portafogli che supportano multiple firme, o multisig, sono particolarmente utili per conti bancari congiunti e aziende che richiedono la firma di più persone per ogni transazione. I portafogli multisig forniscono un ulteriore livello di sicurezza, protezione contro i punti di fallimento singoli e una maggiore trasparenza per i conti condivisi. Questo viene realizzato condividendo l'autorità di firma tra numerose parti.

Nel momento in cui scegli un portafoglio Bitcoin, ci sono alcune considerazioni importanti da prendere in considerazione:

Dare alta priorità ai portafogli che offrono robuste caratteristiche di sicurezza, come il controllo sulle chiavi private, la crittografia e l'opzione di eseguire il backup e il ripristino del tuo portafoglio. Valuta il fornitore del portafoglio in base alla sua reputazione e al suo track record, nonché alla sua dedizione alle migliori procedure di sicurezza.

Rifletti sui requisiti che hai per facilità di accesso e convenienza. Un portafoglio mobile è un'opzione da considerare se fai molto business mentre sei in movimento. Potrebbe essere che un portafoglio hardware sia la migliore opzione per chi dà importanza alla sicurezza. Fai una valutazione del tuo stile di vita e delle cose che sono importanti per te al fine di individuare il compromesso ottimale tra comodità e sicurezza.

Effettua un'analisi dell'esperienza utente e dell'interfaccia utente del portafoglio. Assicurati che il portafoglio sia facile da usare, abbia un'interfaccia semplice e offra un servizio clienti affidabile nel caso in cui tu incontri delle difficoltà. La tua intera esperienza con Bitcoin può essere migliorata utilizzando un portafoglio che è semplice da usare.

È essenziale per la gestione sicura dei tuoi asset digitali che tu ti familiarizzi con i vari tipi di portafogli Bitcoin. Diversi tipi di portafogli, inclusi portafogli hardware e portafogli software, portafogli di carta e portafogli multi-firma, offrono ciascuno un diverso grado di facilità, sicurezza e controllo sulle tue chiavi private. Quando selezioni un portafoglio Bitcoin, è importante prendere in considerazione i seguenti fattori: caratteristiche di sicurezza, facilità, accessibilità, esperienza utente e supporto. Fai della sicurezza una priorità assoluta creando backup del tuo portafoglio regolarmente e secondo le migliori pratiche. Sarai in grado di selezionare con fiducia un portafoglio Bitcoin che soddisfa i tuoi criteri e gestire i tuoi asset digitali senza provare ansia se prima hai una conoscenza delle possibilità disponibili e quindi allinei tali opzioni con le tue esigenze uniche.

Comprendere gli indirizzi Bitcoin e le chiavi private

Nel mondo del Bitcoin, è assolutamente necessario avere una solida comprensione dei concetti di indirizzi e chiavi private al fine di gestire ed proteggere efficacemente i tuoi asset digitali. Gli indirizzi Bitcoin sono utilizzati come identità pubblica, che ti consente di ricevere fondi. Le chiavi private, d'altra parte, sono le chiavi segrete che forniscono la prova di proprietà e rendono possibile condurre transazioni in modo sicuro. In questa sezione, esamineremo le complessità degli indirizzi Bitcoin e delle chiavi private, compresi i loro compiti, i concetti crittografici, le forme degli indirizzi e l'importanza di una gestione sicura. In particolare, ci concentreremo su come sono formattati gli indirizzi Bitcoin. Sarai in grado di attraversare con fiducia il mondo del Bitcoin e proteggere la tua ricchezza digitale se hai una comprensione approfondita di queste idee chiave.

Gli indirizzi Bitcoin sono identificatori alfanumerici composti da lettere e numeri, e fungono da identificazione pubblica dell'utente all'interno della rete Bitcoin. Sono il punto finale dei trasferimenti di Bitcoin e sono un componente essenziale nel processo di ricezione dei pagamenti. Gli indirizzi Bitcoin vengono generati utilizzando una combinazione di difficili operazioni matematiche e metodi crittografici. Questo assicura che ogni indirizzo sia completamente unico e che sia mantenuto sicuro. Questi indirizzi possono essere trovati in una varietà di formati, come indirizzi legacy che iniziano con "1", indirizzi SegWit che iniziano con "3", e indirizzi Bech32 che iniziano con "bc1". Gli utenti possono scegliere la soluzione più adatta alle loro esigenze poiché ogni formato possiede i propri vantaggi e problemi di compatibilità.

I tuoi asset Bitcoin sono accessibili solo tramite l'uso di una chiave privata, che è una stringa di numeri lunghi generati casualmente. Sono derivati da algoritmi crittografici, il più comune dei quali è noto come crittografia a curva ellittica (ECC). La firma delle transazioni e l'instaurazione di proprietà richiede l'uso di chiavi private, necessarie per questo scopo. Gli indirizzi Bitcoin vengono generati utilizzando chiavi pubbliche; tuttavia, le chiavi private non vengono rese pubbliche e devono essere conservate in un luogo sicuro. Il fatto che perdere il possesso delle tue chiavi private possa portare alla perdita dei tuoi asset Bitcoin sottolinea quanto sia importante evitare che queste chiavi vengano accessibili in modo non autorizzato.

Gli indirizzi Bitcoin e le chiavi private sono strettamente correlati in termini delle loro proprietà crittografiche. Gli indirizzi Bitcoin sono formati da chiavi pubbliche, che sono derivate dalle corrispondenti chiavi private nella rete Bitcoin. La relazione tra indirizzi e chiavi private è unilaterale, il che significa che non puoi derivare la chiave privata dall'indirizzo o dalla chiave pubblica. Questo è un punto essenziale da tenere a mente, poiché è cruciale sottolinearlo. La sicurezza e l'integrità delle transazioni Bitcoin sono protette da questa relazione, che si muove solo in una direzione. Quando spendi Bitcoin da un determinato indirizzo o trasferisci Bitcoin da un indirizzo all'altro, devi fornire la prova di proprietà fornendo una firma valida generata con la chiave privata associata. Questa verifica crittografica assicura che solo il legittimo proprietario di un particolare indirizzo Bitcoin possa accedere e gestire i fondi collegati a quell'indirizzo.

È assolutamente necessario garantire la sicurezza dei tuoi indirizzi Bitcoin e delle tue chiavi private se desideri proteggere i tuoi fondi digitali. I seguenti comportamenti contribuiscono a garantirne la sicurezza:

È assolutamente necessario creare regolarmente copie di backup delle tue chiavi private e degli indirizzi correlati per proteggerli dalla perdita o dalla distruzione. Portafogli di carta, portafogli hardware o backup digitali crittografati in modo sicuro possono essere tutti utilizzati come metodi di conservazione dei dati. Puoi garantire di poter comunque accedere e recuperare i tuoi fondi anche se una copia della tua chiave privata viene distrutta o persa producendo copie ridondanti e conservandole in altre posizioni.

Le tue chiavi private e gli indirizzi non saranno accessibili tramite Internet quando li archivi utilizzando una tecnica di archiviazione offline, il che aggiunge un ulteriore livello di protezione ai tuoi dati. Le opzioni popolari per lo storage a freddo includono portafogli hardware, che sono essenzialmente dispositivi fisici creati appositamente per lo scopo di conservare in sicurezza le chiavi private, così come portafogli di carta, in cui la chiave privata è stampata su carta. Puoi proteggere le tue chiavi private da potenziali pericoli online come hacking e virus se le archivi in una posizione non collegata a Internet.

È assolutamente necessario utilizzare attrezzature e connessioni sicure ogni volta che accedi ai tuoi indirizzi o chiavi private. È meglio evitare di utilizzare computer pubblici o reti con cui non sei familiare, poiché ciò potrebbe mettere a rischio la sicurezza delle tue chiavi. Assicurati che nessuno dei tuoi dispositivi sia infetto da software dannoso e che tutte le tue connessioni siano crittografate e sicure. Puoi ridurre la probabilità che parti non autorizzate abbiano accesso alle tue chiavi private se prendi precauzioni e segui le politiche di accesso stabilite.

Un ulteriore grado di protezione può essere aggiunto al tuo portafoglio Bitcoin cambiando regolarmente i tuoi indirizzi Bitcoin e producendo nuove coppie di chiavi. Questo metodo riduce il pericolo derivante dall'esposizione delle chiavi per un lungo periodo di tempo e migliora la privacy in generale. Puoi rendere più difficile per possibili attaccanti monitorare la tua cronologia delle transazioni e correlarla con un singolo indirizzo o chiave creando costantemente nuovi indirizzi e coppie di chiavi. Ciò rende più difficile per potenziali attaccanti rubare la tua criptovaluta.

È assolutamente necessario avere una solida comprensione degli indirizzi Bitcoin e delle chiavi private per gestire ed proteggere in modo efficiente la tua ricchezza digitale. Gli indirizzi Bitcoin sono utilizzati come identità pubblica, che ti consente di ricevere fondi. Le chiavi private, d'altra parte, sono le chiavi segrete che forniscono la prova di proprietà e consentono di effettuare transazioni in modo sicuro. Puoi ridurre la probabilità che i tuoi Bitcoin vengano rubati e garantire la loro sicurezza a lungo termine se adotti la rotazione delle chiavi e la gestione sicura dei tuoi indirizzi Bitcoin e delle chiavi private. Questo può essere realizzato attraverso l'uso di procedure di backup e ripristino, soluzioni di storage a freddo, protocolli di accesso sicuro e altre attività simili. Tieni presente che lo storage sicuro delle tue chiavi private è molto necessario affinché tu possa continuare a esercitare il controllo e la proprietà della tua ricchezza digitale nel mondo decentralizzato di Bitcoin.

Utilizzare il Bitcoin per le transazioni

Il Bitcoin, che funge da valuta digitale decentralizzata, ha fondamentalmente modificato il modo in cui le transazioni vengono effettuate. Il Bitcoin ha guadagnato popolarità tra individui e aziende di tutto il mondo grazie alle sue qualità distintive, che includono trasparenza, sicurezza e il fatto che sia senza confini. In questa sezione, esploreremo il processo di utilizzo del Bitcoin per le transazioni, inclusi i suoi vantaggi e svantaggi, i passaggi necessari per inviare e ricevere Bitcoin, la funzione dei portafogli e degli indirizzi, le commissioni associate alle transazioni Bitcoin e il panorama in continua evoluzione dei pagamenti in Bitcoin. Individui e aziende possono approfittare delle possibilità offerte da questa innovativa forma di valuta digitale se hanno una comprensione approfondita di come il Bitcoin possa essere utilizzato per le transazioni finanziarie.

Le transazioni basate su Bitcoin comportano il trasferimento di valore da una parte all'altra attraverso l'uso della rete Bitcoin. Fanno ciò utilizzando tecniche crittografiche in combinazione con la natura decentralizzata della blockchain per garantire che tutte le transazioni siano sicure, immutabili e trasparenti. Le transazioni Bitcoin offrono numerosi vantaggi rispetto ai metodi di pagamento tradizionali, tra cui tempi di regolamento più veloci, commissioni ridotte, accessibilità globale e maggiore privacy rispetto alle istituzioni bancarie esistenti.

I portafogli Bitcoin sono essenzialmente cassette di sicurezza digitali che possono essere utilizzate per la gestione e lo stoccaggio di Bitcoin. Sono disponibili in una varietà di formati, come portafogli software desktop, mobili e basati sul web, nonché portafogli hardware, portafogli di carta e portafogli multi-firma. I portafogli consentono agli utenti di creare e gestire gli indirizzi Bitcoin, che fungono da identificatori univoci per ricevere fondi e possono essere generati dall'utente. Gli indirizzi Bitcoin sono essenziali per identificare il destinatario di una transazione poiché sono ottenuti dalle chiavi pubbliche. Queste chiavi sono distribuite pubblicamente.

Per poter inviare Bitcoin, il portafoglio del mittente deve avere un saldo sufficiente al suo interno. Hanno bisogno dell'indirizzo Bitcoin del destinatario, che può essere ottenuto o scambiando rispettivi indirizzi Bitcoin univoci del mittente e del ricevente o scansione di un codice QR. La transazione è generata e firmata dal portafoglio del mittente con la chiave privata del mittente, fornendo una prova crittografica che la proprietà è stata mantenuta. Successivamente, la transazione firmata viene trasmessa alla rete Bitcoin, dove i minatori la convalidano e la verificano prima di essere inclusa in un blocco.

Il mittente deve avere l'indirizzo Bitcoin del destinatario affinché il destinatario possa ricevere Bitcoin. Questo indirizzo può essere visualizzato sotto forma di stringa di testo o può essere codificato in un codice QR per renderlo più facile da scansionare. Quando il mittente avvia la transazione, diventa immediatamente parte di un pool di altre transazioni che non sono ancora state confermate. I minatori convalidano singole transazioni prima di scegliere quali includere in un blocco. Una volta che un minatore riesce a minare un blocco che contiene la transazione, la transazione è considerata confermata, diventa visibile nel portafoglio del destinatario e viene inserita nella blockchain per garantire che non possa essere modificata.

Le commissioni di transazione sono un costo comune associato alle transazioni Bitcoin. Questi costi forniscono un incentivo ai minatori per dare priorità all'inclusione di queste transazioni nei blocchi. L'importo del costo è deciso da una serie di parametri, tra cui la dimensione della transazione, il livello di congestione della rete e la velocità di conferma richiesta. L'importo di tempo richiesto per la conferma può cambiare a seconda dello stato della rete. La finalità delle transazioni Bitcoin è normalmente determinata dal completamento di un certo numero di conferme, la cui lunghezza è determinata dalle commissioni associate alla transazione, dal livello di congestione della rete e dal livello di sicurezza desiderato.

Benefici come minori costi di transazione e un aumento della portata dei clienti stanno guidando un costante aumento del numero di commercianti che stanno adottando Bitcoin. L'uso del Bitcoin è aumentato a seguito dell'aumento del numero di grandi aziende, rivenditori online e fornitori di servizi che ora lo accettano come forma di pagamento. I processori di pagamento consentono transazioni Bitcoin tra commercianti e clienti, trasformando i pagamenti Bitcoin in valute tradizionali se il commerciante lo desidera e offrendo alle aziende opzioni più efficienti. La soluzione di scalabilità di secondo livello nota come Lightning Network è stata creata sopra la blockchain di Bitcoin. Consente transazioni veloci a basso costo attraverso canali di pagamento, migliorando la capacità di scalabilità di Bitcoin e incoraggiando il suo utilizzo in transazioni quotidiane.

L'uso del Bitcoin per transazioni finanziarie ha una vasta gamma di vantaggi, tra cui tempi di regolamento delle transazioni accelerati, commissioni ridotte, accessibilità globale e maggiore anonimato. Individui e aziende acquisiscono la capacità di capitalizzare la promessa di questa innovativa valuta digitale acquisendo una comprensione dei passaggi necessari per inviare e ricevere Bitcoin, la funzione dei portafogli e degli indirizzi, le commissioni associate alle transazioni Bitcoin e il cambiamento del panorama dei pagamenti Bitcoin. L'influenza che il Bitcoin sta avendo sul sistema finanziario mondiale sta producendo l'effetto di cambiare i metodi di pagamento tradizionali offrendo un'alternativa decentralizzata ed efficiente per condurre transazioni. Individui e aziende possono aprire nuove opportunità e beneficiare del potenziale rivoluzionario della valuta digitale se adottano il Bitcoin.

Inviare e ricevere pagamenti in Bitcoin

Con la sua modalità decentralizzata ed efficiente di completare le transazioni, il Bitcoin è emerso come una forza dirompente nel mondo della finanza. È vitale comprendere le sfumature dell'invio e del ricevimento dei pagamenti in Bitcoin se si vuole avere successo in questo ambiente digitale. In questa sezione esamineremo i passaggi coinvolti in una transazione Bitcoin, compresa la funzione dei portafogli e degli indirizzi, la conferma della transazione e le questioni di sicurezza. Parleremo anche di come si stanno sviluppando i pagamenti in Bitcoin, compresa l'accettazione da parte dei commercianti e l'incorporazione della Lightning Network. Comprendere le complessità dei pagamenti in Bitcoin consentirà sia ai consumatori che alle organizzazioni di trarre pieno vantaggio dalle capacità di questa innovativa valuta digitale.

Il valore viene trasferito da una parte all'altra attraverso la rete Bitcoin durante una transazione. Queste transazioni sono documentate sulla blockchain, un registro pubblico aperto e immutabile. Rispetto ai metodi di pagamento convenzionali, le transazioni Bitcoin hanno numerosi vantaggi, tra cui tempi di regolamento più rapidi, commissioni più basse, accessibilità su scala mondiale e maggiore privacy.

Il Bitcoin è gestito e conservato digitalmente attraverso i portafogli Bitcoin. Sono disponibili in vari formati, tra cui portafogli hardware, portafogli di carta, portafogli multi-firma e portafogli software (desktop, mobile e basati sul web). Gli utenti possono creare e gestire gli indirizzi Bitcoin nei portafogli, che fungono da identificatori distintivi per ricevere fondi.

Per inviare Bitcoin è necessario un saldo significativo nel portafoglio oltre all'indirizzo Bitcoin del destinatario. L'indirizzo del destinatario, l'importo di Bitcoin da inviare e ogni altra informazione vengono inseriti nel portafoglio del mittente per generare una transazione. La chiave privata del mittente viene quindi utilizzata per firmare digitalmente la transazione, stabilendo la proprietà in modo sicuro. La rete Bitcoin trasmette questa transazione firmata, e i minatori ne verificano la validità.

Il destinatario fornisce al mittente il proprio indirizzo Bitcoin per ricevere Bitcoin. L'indirizzo può essere mostrato come una serie di caratteri o comodamente scannerizzato come un codice QR. La transazione entra in un pool di transazioni non confermate ogni volta che il mittente la avvia. Per garantirne l'immutabilità, i minatori scelgono transazioni da questo pool, le verificano e le aggiungono a un blocco sulla blockchain.

Per prevenire frodi e accessi non autorizzati, la sicurezza è essenziale nelle transazioni Bitcoin. Le transazioni Bitcoin sono autorizzate da chiavi private, che devono essere protette e conservate in un luogo sicuro. Opzioni come portafogli hardware, portafogli di carta e backup digitali crittografati offrono robuste protezioni di sicurezza. Inoltre, garantire l'integrità delle transazioni Bitcoin dipende dalla sicurezza della rete e dalla prevenzione di frodi e truffe.

L'uso del Bitcoin da parte delle aziende sta ancora aumentando, grazie ai vantaggi come i costi di transazione più bassi e una base di consumatori più ampia. L'utilità del Bitcoin è aumentata a seguito dell'integrazione come opzione di pagamento da parte di grandi aziende, commercianti online e fornitori di servizi. I processori di pagamento rendono le transazioni Bitcoin più facili per le aziende e i clienti assicurando transazioni senza intoppi e, se necessario, convertendo i pagamenti Bitcoin in valute più convenzionali. Una soluzione di scalabilità di secondo livello chiamata Lightning Network migliora la scalabilità del Bitcoin consentendo transazioni rapide e economiche tramite sistemi di pagamento.

I pagamenti in Bitcoin offrono sia a individui che a aziende un modo rivoluzionario per condurre transazioni finanziarie. Il modo in cui conduciamo affari sta cambiando a causa dell'efficienza, della velocità e dell'accessibilità globale del Bitcoin. Individui e organizzazioni possono sfruttare appieno il potenziale di questa innovativa valuta digitale conoscendo i passaggi coinvolti nelle transazioni Bitcoin, la funzione dei portafogli e degli indirizzi, la conferma della transazione, le considerazioni sulla sicurezza e l'ambiente in evoluzione dei pagamenti in Bitcoin. Ci si aspetta che l'influenza del Bitcoin sul sistema finanziario mondiale trasformi i sistemi di pagamento consolidati offrendo un'alternativa decentralizzata ed efficace per le transazioni man mano che aumenta l'uso della criptovaluta.

CAPITOLO IV

Mining di Bitcoin e la Blockchain

Come funziona il mining di Bitcoin

Per la convalida delle transazioni, la sicurezza della rete e la creazione di nuovi Bitcoin, il mining di Bitcoin, una procedura cruciale nel mondo delle criptovalute, è necessario. Questa sezione mira ad esplorare i processi intricati del mining di Bitcoin, comprese le sue motivazioni, i ruoli dei minatori, la procedura di convalida dei blocchi, il meccanismo di consenso, l'hardware e il software di mining e i suoi effetti sull'ambiente. Una maggiore comprensione della tecnologia alla base di questa rivoluzionaria valuta digitale può essere ottenuta comprendendo il funzionamento interno del mining di Bitcoin.

La sicurezza della rete e la creazione di nuovi Bitcoin sono i due obiettivi principali del mining di Bitcoin. Partecipando al processo di mining, gli utenti contribuiscono alla sicurezza e all'affidabilità della rete Bitcoin, riducendo le frodi e preservando la fiducia degli utenti. I nuovi Bitcoin creati vengono anche dati ai minatori come pagamento, incentivandone la partecipazione.

All'interno della rete Bitcoin, i minatori svolgono responsabilità cruciali. Verificano le transazioni per assicurarsi che siano genuine e rispettino le regole della rete. Inoltre, gli algoritmi di Proof-of-Work (PoW) sono problemi matematici impegnativi che i minatori competono per risolvere al fine di generare nuovi blocchi che includono gruppi di transazioni convalidate. I minatori aiutano i partecipanti alla rete a mantenere il consenso in questo modo.

Per convalidare la validità delle transazioni e aggiungere nuovi blocchi alla blockchain, i minatori devono completare una serie di fasi note come convalida del blocco. Per risolvere il puzzle PoW, scelgono transazioni non confermate dal mempool, costruiscono l'intestazione del blocco, modificano il valore nonce e trasmettono il blocco convalidato alla rete. La validità del blocco viene successivamente verificata da altri minatori prima che lo includano nella loro copia locale della blockchain.

I minatori di Bitcoin utilizzano hardware e software specializzati per effettuare le loro operazioni di mining. Circuiti integrati specifici per applicazioni (ASIC), un tipo di hardware di mining, sono progettati appositamente per eseguire i calcoli complessi necessari per risolvere gli algoritmi PoW. Il software di mining automatizza la convalida delle transazioni e la formazione dei blocchi, promuove la connessione con altri nodi e controlla il processo di mining.

Sono state sollevate preoccupazioni riguardo all'impatto ambientale del mining di Bitcoin a causa del suo consumo energetico. Le operazioni di mining richiedono una grande quantità di potenza computazionale, il che comporta un consumo significativo di elettricità, specialmente in aree in cui la generazione di energia è dominata dai combustibili fossili. Tuttavia, sono in corso azioni per affrontare questo problema. Passando a fonti di energia rinnovabile, alcuni minatori stanno riducendo la propria impronta di carbonio. Inoltre, la ricerca è concentrata sulla creazione di attrezzature di mining che utilizzano meno energia e sull'ottimizzazione degli algoritmi di mining.

Il mining di Bitcoin è essenziale per la creazione di nuovi Bitcoin, la sicurezza della rete e la convalida delle transazioni. Le persone possono ottenere una comprensione approfondita di questo processo innovativo comprendendo la funzione del mining, il ruolo dei minatori, la procedura di convalida dei blocchi, l'hardware e il software coinvolti e l'impatto ambientale. Anche se il mining presenta problemi legati al consumo di energia, continui sforzi per migliorare l'efficienza energetica e adottare fonti di energia rinnovabile mirano a ridurne l'impatto ambientale. Il potenziale inventivo delle valute digitali e la loro capacità di cambiare la natura del sistema finanziario globale sono dimostrati dal mining di Bitcoin.

Opzioni hardware e software per il mining

Una componente chiave dell'ecosistema delle valute digitali, il mining di criptovalute si basa su tecnologie e software specializzati. Poiché la tecnologia di mining è avanzata, ora fornisce una varietà di soluzioni per soddisfare le crescenti esigenze dei minatori. In questa sezione esamineremo la complessità delle alternative hardware e software di mining, nonché le loro caratteristiche, vantaggi e svantaggi. Le persone possono massimizzare il loro potenziale di mining e fare scelte informate se sono consapevoli delle sfumature dell'attrezzatura di mining.

Il termine "hardware di mining" descrive macchinari specializzati progettati per eseguire i calcoli complessi necessari per il mining di criptovalute. Contribuisce in modo significativo all'efficienza e alla potenza di calcolo delle operazioni di mining, che sono essenziali per il loro successo. Le tre principali categorie di hardware di mining sono le Unità di Elaborazione Centrale (CPU), le Unità di Elaborazione Grafica (GPU) e i Circuiti Integrati Specifici dell'Applicazione (ASIC).

Anche se una volta erano l'opzione preferita per il mining, le CPU hanno perso parte della loro efficienza a causa della loro natura multipurpose. La capacità di elaborazione parallela delle GPU, originariamente create per giochi e applicazioni multimediali, le rende adatte per il mining. Gli ASIC, d'altra parte, sono dispositivi progettati su misura appositamente per il mining di criptovalute e offrono una potenza di hashing e un'efficienza energetica senza pari.

Ogni forma di attrezzatura di mining ha vantaggi e svantaggi. Nonostante la loro versatilità, le CPU non sono più competitive per il mining di Bitcoin. Tuttavia, sono ancora utilizzabili per il mining di alcune altcoin. A causa della loro flessibilità e capacità di elaborazione parallela, le GPU sono popolari tra i minatori e sono eccellenti per il mining di una varietà di criptovalute. Grazie alle loro prestazioni superiori e al design specializzato, gli ASIC predominano nel mining di Bitcoin.

Il software di mining connette la rete Bitcoin e i dispositivi di mining. Consente ai minatori di gestire le attività e monitorare le prestazioni mentre si connettono a pool di mining. Ci sono numerose possibilità:

I minatori possono scaricare e mantenere una copia completa della blockchain utilizzando software di nodo completo come Bitcoin Core, che aumenta la sicurezza della rete e la decentralizzazione.

Collaborando e unendo la loro potenza di calcolo, i minatori possono utilizzare il software di pool di mining per aumentare le loro possibilità di ottenere ricompense. Il coordinamento e la distribuzione delle attività tra i minatori partecipanti sono facilitati da software di pool di mining come CGMiner e BFGMiner.

Per il mining di criptovalute, sono stati creati sistemi operativi di mining specializzati come EthOS, SimpleMining e HiveOS. Questi sistemi includono interfacce utente facili da usare, strumenti di gestione del mining e una maggiore stabilità dei dispositivi di mining.

Le opzioni per l'attrezzatura e il software di mining cambiano costantemente a causa dei nuovi sviluppi tecnologici. I produttori di ASIC introducono frequentemente nuovi modelli con prestazioni e efficienza migliorate. Anche la potenza e l'efficienza delle GPU stanno migliorando. Nuove funzionalità vengono incorporate nel software di mining per aumentare la produttività e la redditività.

Nel scegliere l'attrezzatura di mining, i minatori devono prendere in considerazione diversi fattori. La spesa iniziale, il consumo di elettricità e la potenziale redditività sono tutti costi da considerare. Poiché diverse criptovalute utilizzano diversi algoritmi di mining e perché diversi tipi di hardware e software potrebbero non essere compatibili tra loro, la compatibilità dell'algoritmo di mining è cruciale.

Per ottenere i migliori risultati di mining, è essenziale scegliere l'hardware e il software appropriati. Costo, compatibilità, potenza di calcolo ed efficienza energetica devono tutti essere presi in considerazione. Per rimanere competitivi nel mondo dinamico del mining di criptovalute, i minatori devono tenere il passo con i progressi tecnologici.

Il pieno potenziale del mining di criptovalute può essere sbloccato scegliendo la giusta combinazione di hardware e software, che si tratti di utilizzare GPU per il mining di altcoin, ASIC per il mining di Bitcoin o software di mining specializzato per una gestione efficace. Utilizzando l'attrezzatura di mining appropriata, i minatori possono impegnarsi efficacemente in questo ecosistema dinamico e contribuire all'espansione e alla sicurezza del mondo delle valute digitali.

Unirsi a un pool di mining

Oggi, il mining di criptovalute richiede molte risorse ed è competitivo. Unirsi a un pool di mining è emerso come un'opzione poiché i minatori individuali faticano a ottenere rendimenti consistenti. Unendo le loro risorse di calcolo, i minatori possono aumentare le loro possibilità di estrarre con successo blocchi e ottenere ricompense. Questa sezione esamina l'idea dei pool di mining, i loro vantaggi, come unirsi a un pool, le opzioni di pool di mining prominenti e i fattori da prendere in considerazione nella scelta del miglior pool. Gli individui possono aumentare la redditività del loro mining e partecipare attivamente alla comunità del mining di Bitcoin conoscendo i meccanismi dei pool di mining.

Piattaforme collaborative chiamate pool di mining consentono ai minatori individuali di unire le loro risorse di calcolo e estrarre blocchi insieme. Questa strategia ha diversi vantaggi. In primo luogo, poiché i minatori contribuiscono all'effort di mining di gruppo, aumenta la possibilità di ottenere ricompense. In secondo luogo, rispetto al mining individuale, che potrebbe essere influenzato dalla difficoltà di mining e dalla fortuna, i pool di mining offrono rendimenti più affidabili. Attraverso i pool di mining, i minatori possono anche accedere a statistiche in tempo reale, monitorare i loro progressi e ottenere supporto tecnico.

I minatori devono fare una ricerca approfondita, scegliere un pool affidabile, creare un account, configurare il proprio software di mining e connettersi al server di mining del pool per unirsi a un pool di mining.

Nell'valutare diversi pool di mining, i minatori dovrebbero prendere in considerazione fattori come la dimensione del pool, i costi di mining, le opzioni di ricompensa, la reputazione e il supporto della comunità. Forum online e siti web di confronto dei pool possono offrire consigli utili per scegliere il miglior pool.

Fornendo i dettagli richiesti, inclusi un indirizzo email, un nome utente e una password, i minatori creano un account con il pool selezionato. Per motivi di sicurezza, alcuni pool potrebbero richiedere procedure di verifica aggiuntive.

Per connettersi al pool di mining, i minatori configurano il proprio software di mining. Deve essere specificato l'indirizzo IP, il numero di porta e le credenziali per il server di mining del pool. Ogni programma di mining ha una procedura di configurazione unica che, a seconda dei requisiti del pool specifico, potrebbe includere anche altri parametri.

Avviando il proprio programma di mining con le impostazioni specificate, i minatori iniziano la connessione al pool. I minatori possono contribuire alla capacità di elaborazione dell'effort di mining di gruppo connettendosi tramite il programma al server di mining del pool.

Slush Pool, F2Pool e Antpool sono solo alcuni dei pool di mining ben noti disponibili. Slush Pool è uno dei primi pool di mining che offre affidabilità e trasparenza. Utilizza un sistema di ricompensa basato su punteggio che tiene conto degli sforzi cumulativi di un minatore. Bitcoin e altre criptovalute possono essere estratti con Slush Pool.

Uno dei più grandi pool di mining al mondo è F2Pool, comunemente conosciuto come Discus Fish. Supporta diverse criptovalute e utilizza un meccanismo di ricompensa pay-per-share (PPS) per garantire che i minatori ricevano pagamenti regolari. Il servizio affidabile e l'infrastruttura solida di F2Pool sono ben noti.

Uno dei più grandi pool di mining di Bitcoin è Antpool, gestito da Bitmain. Offre opzioni di ricompensa variabili e supporta diversi algoritmi di mining. Con l'aiuto dei sistemi di ricompensa PPS+ e Full Pay-Per-Share (FPPS) di Antpool, i minatori possono aspettarsi un reddito costante.

Nel scegliere un pool di mining, i minatori dovrebbero prendere in considerazione diversi fattori.

La dimensione e la distribuzione della potenza di hashing di un pool possono influenzare la produttività e i pagamenti del mining. Mentre i pool più piccoli possono fornire ricompense più grandi con una maggiore fluttuazione, i pool più grandi spesso offrono pagamenti più costanti. In base al proprio livello di tolleranza al rischio e alla preferenza di esperienza di mining, i minatori dovrebbero trovare un equilibrio.

Di solito, i pool di mining deducono una commissione dalle ricompense date ai minatori in cambio dei loro servizi. I minatori dovrebbero confrontare le tariffe e tenere conto di come si relazionano alle caratteristiche, all'affidabilità e alla consistenza dei pagamenti del pool.

I diversi pool di mining utilizzano diverse strategie di compensazione, tra cui Pay-Per-Share (PPS), Pay-Per-Last-N-Shares (PPLNS) e sistemi basati su punteggio. Comprendere le strategie di pagamento utilizzate da un pool aiuterà i minatori a decidere quale si adatta meglio ai propri gusti e obiettivi di mining.

Una esperienza di mining più affidabile è garantita quando ci si unisce a un pool rispettato e consolidato. I minatori dovrebbero tenere conto della reputazione di un pool, del coinvolgimento nella comunità e del supporto offerto ai suoi membri.

I minatori individuali hanno la possibilità di aumentare la loro redditività di mining attraverso il mining collaborativo unendosi a un pool di mining. I minatori migliorano le loro possibilità di estrarre con successo blocchi e ottenere ricompense condividendo la potenza di elaborazione. Una ricerca approfondita, la scelta di un pool affidabile, la creazione di un account, la configurazione del software di mining e la connessione al server di mining del pool sono tutti passaggi nel procedimento.

Nel scegliere un pool di mining, i minatori dovrebbero prendere in considerazione elementi come la dimensione del pool, la distribuzione della potenza di hashing, le commissioni di mining, i metodi di pagamento, la reputazione e il supporto della comunità. I minatori possono selezionare un pool che si adatti ai loro obiettivi di mining, alla loro tolleranza al rischio e al loro desiderio di consistenza delle ricompense. Unirsi a un pool di mining offre un senso di cameratismo e supporto all'interno dell'ambiente di mining di Bitcoin oltre ad aumentare la probabilità di ricevere ricompense. Gli individui possono partecipare attivamente alla comunità del mining di criptovalute aumentando al contempo la redditività del loro mining utilizzando i pool di mining per il mining collaborativo.

Il ruolo della blockchain nel garantire le transazioni Bitcoin

La blockchain è la tecnologia fondamentale per la valuta digitale decentralizzata Bitcoin, che dipende da essa per garantire le transazioni. La blockchain fornisce un registro pubblico visibile e inalterabile che registra tutte le transazioni di Bitcoin. La funzione fondamentale della blockchain nella protezione delle transazioni Bitcoin viene esaminata in questa sezione. Approfondisce gli elementi essenziali della blockchain, come i metodi di consenso e verifica delle transazioni, nonché il modo in cui la blockchain influisce sulla fiducia e sulla sicurezza all'interno dell'ecosistema Bitcoin e come essa resista a frodi e manipolazioni. Le persone possono comprendere l'importanza della blockchain nel creare un sistema sicuro e affidabile per le transazioni Bitcoin conoscendone la funzione.

Tutte le transazioni Bitcoin sono tracciate dal registro distribuito noto come blockchain. Funziona come una catena di blocchi trasparente e immutabile, con ogni blocco che contiene un insieme di transazioni. Una rete decentralizzata di computer, anche conosciuta come nodi, è responsabile dell'aggiornamento e della manutenzione della blockchain. La trasparenza e l'immutabilità del sistema contribuiscono alla sua sicurezza e affidabilità.

Una componente chiave della protezione delle transazioni Bitcoin è la verifica delle transazioni. Una transazione deve prima passare per la convalida prima di poter essere pubblicata sulla blockchain. L'autenticità della transazione è confermata da minatori o nodi di convalida, che si assicurano che segua le linee guida del protocollo Bitcoin e che il mittente abbia fondi sufficienti. Per raggiungere il consenso tra i nodi riguardo alla sequenza e alla validità delle transazioni, sono essenziali tecniche di consenso come il Proof-of-Work (PoW) o il Proof-of-Stake (PoS). Questi controlli salvaguardano l'integrità della blockchain e impediscono il double spending.

L'integrità delle transazioni Bitcoin è garantita dalla blockchain, che è progettata per resistere a frodi e manipolazioni. Ogni blocco in una catena irreversibile è collegato al blocco precedente utilizzando algoritmi crittografici di hash. A causa di questa connessione, è molto difficile per gli attaccanti modificare segretamente transazioni precedenti. La struttura distribuita della blockchain, in cui sono mantenute diverse copie in una rete di nodi, aggiunge uno strato di protezione aggiuntivo. È quasi impossibile modificare una transazione in una copia della blockchain senza influenzarla anche in tutte le versioni. La blockchain è protetta da attacchi maliziosi e manipolazioni dal suo paradigma di sicurezza basato sul consenso.

All'interno dell'ecosistema Bitcoin, la blockchain è cruciale per costruire fiducia e sicurezza. La blockchain consente transazioni dirette tra pari, eliminando intermediari come banche o processori di pagamento, riducendo al minimo la dipendenza da terze parti. Chiunque può verificare e controllare le transazioni grazie alla trasparenza e all'auditabilità della blockchain. Consentendo agli utenti di verificare indipendentemente l'integrità del sistema, questa trasparenza promuove la fiducia all'interno dell'ecosistema. Il meccanismo di consenso e le funzionalità di sicurezza incorporate della tecnologia creano un sistema senza fiducia grazie alla blockchain. I partecipanti possono effettuare transazioni senza dover mettere la loro reciproca fiducia l'uno nell'altro, affidandosi alla sicurezza e alla trasparenza della blockchain.

Miglioramenti in corso e controlli di sicurezza sono in fase di implementazione per potenziare ulteriormente la sicurezza e l'efficacia della blockchain. Segregated Witness (SegWit), un aggiornamento del protocollo che separa le firme delle transazioni dai dati delle transazioni, è un esempio di tale misura. Questo aggiornamento aumenta la capacità delle transazioni e riduce alcune minacce. Inoltre, soluzioni di secondo livello come il Lightning Network cercano di migliorare la scalabilità e l'anonimato della rete Bitcoin. Queste innovazioni rendono possibile condurre transazioni fuori catena più rapidamente e a costi inferiori pur utilizzando la sicurezza intrinseca della blockchain sottostante.

La blockchain supporta l'intera rete Bitcoin e offre un registro sicuro e aperto per la registrazione delle transazioni. La blockchain mantiene la legalità e l'integrità delle transazioni attraverso i suoi metodi di verifica e consenso, riducendo il rischio di frodi e manipolazioni. È estremamente resistente agli attacchi e alle manipolazioni grazie alla sua architettura distribuita e alle caratteristiche crittografiche. La trasparenza e l'assenza di intermediari della blockchain promuovono la fiducia e consentono transazioni sicure. La sicurezza e la scalabilità della blockchain sono ulteriormente migliorate dagli attuali progressi e meccanismi di sicurezza come SegWit e soluzioni di secondo livello.

Le persone sono meglio attrezzate per accettare le possibilità di questa tecnologia innovativa quando comprendono il ruolo cruciale che la blockchain svolge nella protezione delle transazioni Bitcoin. La blockchain apre la strada a un futuro in cui le transazioni digitali sono più sicure, decentralizzate e basate sulla fiducia. La blockchain rimarrà in prima linea mentre l'ecosistema Bitcoin si sviluppa, garantendo la sicurezza, la trasparenza e l'affidabilità delle transazioni nel mondo online.

CAPITOLO V

Sicurezza e Privacy del Bitcoin

Linee guida per proteggere il tuo Bitcoin

La sicurezza degli asset digitali è diventata di primaria importanza con l'ampia accettazione e valore acquisiti da Bitcoin. Anche se Bitcoin è basato su una solida sicurezza crittografica e principi decentralizzati, gli utenti devono comunque adottare precauzioni aggiuntive per proteggere i loro averi. Le migliori tecniche per proteggere Bitcoin sono esaminate in questa sezione, inclusi portafogli sicuri, procedure di autenticazione affidabili, piani di backup e vigilanza contro frodi e ingegneria sociale. Le persone possono aumentare la sicurezza dei propri investimenti in Bitcoin e navigare con fiducia nell'ecosistema delle criptovalute mettendo in pratica queste idee.

È essenziale essere consapevoli dei vari rischi e minacce legati agli asset digitali per proteggere efficacemente Bitcoin. Bitcoin è un obiettivo desiderabile per hacker e criminali informatici a causa di fattori come il suo valore e la sua natura digitale. Avere una strategia di sicurezza proattiva richiede di essere consapevoli dei pericoli tipici, tra cui truffe di phishing, malware, portafogli hackerati e ingegneria sociale.

La protezione di Bitcoin inizia con la scelta del miglior portafoglio. Esistono diversi livelli di sicurezza e praticità offerti da vari tipi di portafogli, tra cui portafogli hardware, portafogli software e portafogli di carta. Implementare portafogli multi-firma che richiedono più chiavi private per l'autorizzazione alle transazioni aggiunge un ulteriore strato di protezione. Inoltre, mantenere le chiavi private al riparo da minacce online adottando tecniche di conservazione a freddo come portafogli hardware o portafogli di carta o conservazione offline di Bitcoin migliora ulteriormente la sicurezza.

Proteggere gli investimenti in Bitcoin richiede l'uso di procedure di autenticazione robuste. Per gli account dei portafogli e i servizi correlati, devono essere creati password sicure e distinte. Un ulteriore grado di sicurezza è offerto dall'autenticazione a due fattori (2FA), che richiede una seconda forma di identificazione, come un codice di verifica inviato a un dispositivo mobile. Quando si accede ai portafogli o si effettuano transazioni, le tecniche di identificazione biometrica come l'impronta digitale o il riconoscimento facciale offrono convenienza e sicurezza aumentata.

È fondamentale eseguire regolarmente il backup dei portafogli Bitcoin e delle chiavi private per proteggersi da perdite di dati, malfunzionamenti hardware e furto. La possibilità di recuperare gli investimenti in Bitcoin in caso di emergenza è garantita creando backup criptati e conservandoli in modo sicuro in diversi luoghi. Quando si utilizza lo storage cloud per i backup, è necessario fare attenzione a utilizzare una forte crittografia e selezionare provider affidabili con rigide misure di sicurezza. L'integrità dei backup viene regolarmente verificata e la capacità di ripristinare gli investimenti in Bitcoin quando necessario viene confermata.

I possessori di Bitcoin devono essere in guardia contro frodi e strategie di ingegneria sociale. Le persone sono in grado di identificare e evitare meglio i piani fraudolenti quando sono informati sulle ultime truffe e strategie di phishing. È essenziale verificare la legittimità di siti web, link e download di software prima di divulgare informazioni importanti o condurre affari. Le persone dovrebbero proteggersi da eventuali compromissioni facendo attenzione nella gestione delle informazioni private e evitando di distribuire chiavi private, frasi di recupero del portafoglio o informazioni sensibili tramite mezzi non sicuri.

È cruciale mantenere aggiornati il software del portafoglio e i programmi correlati con le patch di sicurezza più recenti. Il rischio di virus o tentativi di hacking viene ridotto utilizzando sistemi operativi sicuri e aggiornati sui dispositivi utilizzati per le transazioni Bitcoin. L'identificazione tempestiva di comportamenti sospetti e potenziali violazioni della sicurezza è resa possibile monitorando regolarmente le transazioni del portafoglio e le attività dell'account.

Quando si comunicano con servizi correlati a Bitcoin, l'utilizzo di canali di comunicazione crittografati come le reti private virtuali (VPN) o app di messaggistica sicura aggiunge un ulteriore livello di sicurezza. Per evitare intercettazioni o attività dannose, è opportuno fare attenzione quando si utilizzano reti Wi-Fi pubbliche per accedere ai portafogli Bitcoin o effettuare transazioni.

Pianificare un'eredità digitale assicura che i membri o i beneficiari siano a conoscenza degli asset in Bitcoin e delle relative credenziali di accesso. La creazione di registrazioni sicure delle pratiche di sicurezza e dei dati di recupero aiuta i membri della famiglia a gestire le sfide nell'ereditare gli investimenti in Bitcoin.

La sicurezza di Bitcoin richiede una strategia completa e proattiva. Per mettere efficacemente in atto misure di sicurezza, è essenziale comprendere i rischi e i pericoli legati agli asset digitali. Le persone possono proteggere i propri investimenti in Bitcoin utilizzando procedure di portafoglio sicure, implementando meccanismi di autenticazione robusti, sviluppando piani di backup regolari e prestando attenzione alle truffe e all'ingegneria sociale. Il livello complessivo di sicurezza viene ulteriormente migliorato mediante aggiornamenti costanti della sicurezza, metodi di comunicazione sicura e formazione dei beneficiari e della famiglia.

È essenziale tenersi aggiornati sui nuovi rischi man mano che l'ecosistema Bitcoin si sviluppa e adattare di conseguenza le procedure di sicurezza. Le persone possono navigare nel panorama Bitcoin con fiducia seguendo queste pratiche migliori, poiché sapranno che i loro asset digitali sono ben protetti di fronte a potenziali minacce e difficoltà. Mantenere un impegno per la sicurezza è necessario per proteggere Bitcoin, garantendo la conservazione a lungo termine della ricchezza digitale nell'era delle criptovalute.

Protezione contro hacker e truffe

La crescente popolarità delle criptovalute ha aperto le porte a nuove opportunità, ma ha anche reso le persone più vulnerabili a una varietà di minacce, tra cui la possibilità di essere hackerati o truffati. I criminali informatici stanno utilizzando metodi sempre più sofisticati per approfittare delle debolezze e truffare coloro che non sono consapevoli dei pericoli derivanti dalla crescita del valore delle criptovalute. In questa sezione, discuteremo le strategie più efficaci per proteggere i propri investimenti in criptovalute contro gli attacchi da parte di hacker e truffatori che operano nell'attuale ambiente. Affronteremo come proteggere portafogli e scambi, come individuare le frodi più comuni, come creare robuste misure di sicurezza e come rimanere informati sul mutevole panorama delle minacce. Le persone sono in grado di proteggere i loro asset digitali e attraversare in sicurezza il mondo delle criptovalute se adottano queste tecniche e le mettono in pratica.

L'ambiente circostante le criptovalute è carico di pericoli e le persone devono essere consapevoli della natura sempre mutevole delle minacce che affrontano. Gli hacker stanno mirando sempre più a individui, scambi e portafogli nel tentativo di ottenere accesso illegale e rubare asset digitali, il che ha portato a un aumento delle preoccupazioni per la sicurezza informatica. È assolutamente necessario comprendere la natura di questi pericoli al fine di implementare con successo misure di sicurezza.

Quando si tratta di difendersi da hacker e frodi, la protezione dei portafogli digitali e degli scambi è di importanza fondamentale. È assolutamente necessario selezionare fornitori di portafogli con una solida reputazione che implementino anche rigorose precauzioni di sicurezza. Utilizzando portafogli hardware che memorizzano le chiavi private offline e le proteggono dai pericoli online, si aggiunge un ulteriore grado di protezione agli investimenti in criptovalute dell'utente. Affinché le persone possano mantenere al sicuro i loro investimenti quando utilizzano gli scambi di criptovalute, dovrebbero cercare piattaforme che dispongano di meccanismi di sicurezza robusti come l'autenticazione a due fattori (2FA) e lo storage a freddo.

Le persone devono essere in grado di identificare gli schemi fraudolenti diffusi al fine di proteggersi dall'essere sfruttate. Gli attacchi di phishing, in cui i truffatori si fingono essere siti Web o servizi online affidabili nel tentativo di ingannare i consumatori affinché divulghino informazioni critiche, sono piuttosto comuni. Le persone che sono istruite sulle tattiche di phishing sono in grado di proteggersi meglio da tali truffe. L'industria delle criptovalute è piena di truffe Ponzi e di offerte iniziali di monete (ICO) fraudolente, entrambe comuni. Le persone hanno maggiori possibilità di evitare di essere sfruttate da schemi fraudolenti se conducono ricerche approfondite, verificano la legalità dei progetti e agiscono con prudenza negli investimenti.

Le persone dovrebbero adottare rigorose misure di sicurezza al fine di rafforzare la protezione dei propri asset digitali, come segue:

Prima di accedere agli account o effettuare transazioni, abilitare l'Autenticazione a Due Fattori (2FA) aggiunge un ulteriore strato di protezione richiedendo l'uso di un secondo metodo di verifica, che può assumere la forma di un codice univoco inviato a un dispositivo mobile.

È più semplice prevenire l'accesso non autorizzato se gli utenti scelgono password forti e uniche e aggiornano tali password regolarmente. Utilizzare un gestore di password può aiutare a creare e memorizzare in modo sicuro password complesse e lunghe.

È essenziale applicare regolarmente le patch di sicurezza più recenti a tutti i software, inclusi sistemi operativi, applicazioni e programmi antivirus, poiché è il modo migliore per proteggersi dalle vulnerabilità conosciute.

Quando si accede a servizi associati alle criptovalute, l'uso di Virtual Private Network, o VPN, consente una connessione sia crittografata che sicura. Questo protegge gli utenti dalla possibilità di intercettazioni e attacchi di tipo "uomo nel mezzo".

È assolutamente necessario per coloro che desiderano proteggere i propri asset digitali essere aggiornati sulle ultime novità nelle tendenze e minacce della sicurezza informatica. Le persone ottengono la capacità di prendere decisioni nel loro miglior interesse e di tenere un passo avanti ai pericoli potenziali quando seguono fonti credibili che forniscono informazioni accurate. Le persone hanno l'opportunità di ottenere conoscenze su truffe in via di sviluppo e tecniche di hacking partecipando a forum comunitari e partecipando a discussioni. Le persone possono ottenere conoscenze dalle esperienze altrui partecipando a forum comunitari. Per mantenere in buono stato l'igiene della sicurezza, è essenziale mantenere uno stato di apprendimento continuo e adattarsi a un panorama delle minacce in continua evoluzione.

Nel mondo delle criptovalute, è assolutamente necessario prendere precauzioni contro hack e truffe. Le persone sono in grado di proteggere efficacemente i loro asset digitali se hanno una comprensione approfondita del panorama dei rischi, assicurano portafogli e scambi, sono consapevoli delle frodi frequenti, mettono in atto rigorose misure di sicurezza e si tengono informati. È importante mantenere vigilanza e proattività in ogni momento, modificando i metodi di sicurezza in conformità con la natura mutevole del panorama delle minacce. Le persone possono navigare con successo nel mondo delle criptovalute adottando le migliori pratiche e impegnandosi nell'educazione continua. Ciò garantirà la sicurezza e l'integrità a lungo termine dei loro asset digitali.

Considerazioni sulla privacy nell'uso del Bitcoin

La crescente popolarità del Bitcoin come valuta digitale decentralizzata e pseudonima ha dato vita a conversazioni riguardanti la protezione della privacy individuale nello spazio digitale. È essenziale avere una solida comprensione delle varie preoccupazioni sulla privacy che entrano in gioco nell'utilizzo di una criptovaluta come il Bitcoin, nonostante il fatto che il Bitcoin abbia certi vantaggi in termini di privacy rispetto ai sistemi finanziari tradizionali. Questa sezione esplora le implicazioni che l'utilizzo del Bitcoin ha per la privacy degli utenti, così come la trasparenza della blockchain, le minacce potenziali alla privacy degli utenti e i metodi efficaci per migliorare la privacy. Gli individui sono in grado di trovare un equilibrio tra i vantaggi del Bitcoin e la protezione della propria privacy personale se hanno una comprensione approfondita di questi fattori e mettono in atto protezioni adeguate.

Le transazioni di Bitcoin sono pseudonime, il che significa che non sono direttamente collegate alle identità delle persone che le effettuano. Invece, ogni transazione è collegata a un indirizzo crittografico unico. Attraverso la separazione dei dati transazionali e delle informazioni personali che questa caratteristica fornisce, viene fornito un certo livello di privacy.

La blockchain funziona come un registro pubblico che tiene traccia di tutte le transazioni che coinvolgono Bitcoin. La trasparenza della blockchain permette a chiunque di accedere ai dettagli delle transazioni, compresi gli indirizzi e gli importi delle transazioni. Questo nonostante il fatto che le identità degli utenti non siano direttamente collegate tra loro. La completa protezione della propria privacy è resa più difficile dall'esistenza di tale trasparenza.

La deanomimizzazione degli indirizzi è una preoccupazione per la privacy che può verificarsi quando vengono utilizzate tecniche come il clustering degli indirizzi e l'analisi della rete. Questi approcci hanno la capacità di rivelare la connessione che esiste tra gli indirizzi Bitcoin e le identità reali. Vi sono ulteriori rischi per la privacy posti dalla sorveglianza della rete e dal tracciamento degli indirizzi IP, entrambi in grado di compromettere l'anonimato degli utenti Bitcoin. Inoltre, l'utilizzo di scambi centralizzati di criptovalute, che spesso richiedono il completamento di procedure KYC, può esporre le informazioni personali identificabili al rischio di essere compromesse o utilizzate impropriamente.

Quando si tratta di utilizzare il Bitcoin, ci sono alcune pratiche migliori che possono essere implementate. Utilizzando una varietà di indirizzi per una varietà di transazioni, si può contribuire a oscurare i modelli di tali transazioni e diminuire la possibilità di collegamento degli indirizzi. La storia delle transazioni può essere oscurata quando si utilizzano servizi di miscelazione e mescolamento delle monete, il che rende più difficile il tracciamento del flusso di fondi. L'implementazione dei protocolli CoinJoin consente a numerosi utenti di combinare le loro singole transazioni in una sola transazione, migliorando il livello complessivo di anonimato degli utenti. Portafogli focalizzati sulla privacy, che includono funzionalità come portafogli HD, integrazione con Tor e Coin Control, offrono maggiori funzionalità di privacy e proteggono contro il riutilizzo degli indirizzi.

Ulteriori protezioni della privacy sono disponibili per le transazioni di Bitcoin grazie ai recenti avanzamenti tecnologici. Le Transazioni Confidenziali utilizzano la crittografia per nascondere gli importi delle transazioni a chiunque possa essere presente. Gli utenti sono in grado di convalidare le transazioni utilizzando le dimostrazioni a conoscenza zero senza divulgare alcuna informazione sensibile alla rete. Sia CoinSwap che la Lightning Network sono progettati per migliorare la privacy e la scalabilità, riducendo il requisito per le transazioni on-chain e supportando contemporaneamente le transazioni off-chain.

Sebbene gli individui dovrebbero dare priorità alla protezione della propria privacy, dovrebbero anche essere consapevoli degli obblighi legali e normativi che derivano dall'uso delle criptovalute. Sta diventando sempre più importante conformarsi alla legislazione pur proteggendo la propria privacy. È altrettanto importante trovare un equilibrio tra la protezione della propria privacy e la sicurezza finanziaria, considerato che una maggiore protezione della privacy può ridurre la capacità di recuperare fondi persi o prevenire attività fraudolente.

Quando si tratta di proteggere la privacy delle proprie informazioni personali, l'uso di Bitcoin richiede attenzione alle preoccupazioni sulla privacy. Gli utenti di Bitcoin dovrebbero essere consapevoli dei rischi potenziali e attuare le migliori pratiche per salvaguardare la propria privacy, nonostante la natura pseudonima del Bitcoin dia certi vantaggi alla privacy degli utenti. Le informazioni personali possono essere protette e i pericoli legati al collegamento degli indirizzi e alla deanomimizzazione possono essere ridotti adottando abitudini che migliorano la privacy, utilizzando numerosi indirizzi email, utilizzando portafogli digitali e tecnologie progettate con la privacy in mente. È essenziale trovare un giusto equilibrio tra la protezione della privacy degli individui e la conformità alle normative applicabili, tenendo conto anche dei potenziali effetti sulla stabilità finanziaria. Gli individui possono massimizzare la loro privacy utilizzando i vantaggi della rete Bitcoin nello spazio digitale se comprendono queste considerazioni sulla privacy e adottano le dovute precauzioni. Ciò è possibile grazie alla natura decentralizzata della rete Bitcoin.

Anonimato versus trasparenza nella rete Bitcoin

Trovare il giusto equilibrio tra anonimato e trasparenza all'interno della rete è emerso come una difficoltà unica a causa della crescita di Bitcoin e altre criptovalute. L'apertura della blockchain solleva preoccupazioni riguardanti il grado di privacy e la necessità di trasparenza in un sistema finanziario decentralizzato, anche se Bitcoin concede pseudonimato e privacy ai suoi utenti. Le dinamiche di anonimato e trasparenza nella rete Bitcoin sono esaminate in questa sezione, insieme ai loro vantaggi e svantaggi, così come alle discussioni in corso sulla privacy, responsabilità e conformità normativa. Le persone possono acquisire una comprensione delle implicazioni e intraprendere azioni informate riguardo alla loro partecipazione alla rete Bitcoin comprendendo questi principi.

Il fondamento delle transazioni di Bitcoin è il pseudonimato, o l'idea che non siano direttamente collegati alle persone nel mondo reale. Le transazioni sono invece collegate a indirizzi crittografici distinti, il che offre una certa misura di privacy. Ma poiché la blockchain è un registro pubblico che tiene traccia di tutte le transazioni di Bitcoin, chiunque può vedere tutte le informazioni sulla transazione, compresi gli indirizzi e gli importi delle transazioni. Questa apertura garantisce la responsabilità e previene le frodi.

Nella rete Bitcoin, l'anonimato ha sia vantaggi che svantaggi. Da un lato, la privacy finanziaria è protetta, mantenendo riservati i dettagli finanziari delle persone da occhi indiscreti. Questa confidenzialità riduce la possibilità di furto di identità o attacchi mirati. Inoltre, l'anonimato promuove la libertà di espressione, consentendo alle persone di effettuare transazioni finanziarie senza preoccuparsi di ritorsioni o censura. Oltre a proteggere la libertà individuale e l'autonomia, l'anonimato può fungere da controllo contro una sorveglianza eccessiva.

D'altro canto, l'anonimato può favorire operazioni illegali come il riciclaggio di denaro e affari illeciti. Ciò presenta difficoltà per le organizzazioni regolatorie e di polizia che cercano di mantenere l'integrità finanziaria e fermare l'attività illecita.
La trasparenza della blockchain comporta una serie di vantaggi e difficoltà:

All'interno della rete Bitcoin, la trasparenza garantisce responsabilità e fiducia. Chiunque può verificare e controllare ogni transazione registrata sulla blockchain, creando un sistema di controlli e bilanci. Grazie al registro cronologico delle transazioni, questa trasparenza impedisce anche il doppio utilizzo e sostiene la sicurezza della rete Bitcoin. Inoltre, poiché possono essere tracciati e identificati, i comportamenti fraudolenti sono scoraggiati dalle transazioni registrate pubblicamente.

Tuttavia, la trasparenza della blockchain suscita preoccupazioni riguardo alla divulgazione dei dati finanziari privati. L'accessibilità pubblica dei dettagli delle transazioni può violare la privacy degli individui, lasciandoli esposti ad attacchi mirati o accessi non autorizzati.

Diverse tecnologie volte a migliorare la privacy sono state sviluppate per risolvere le difficoltà poste dalla trasparenza:

I servizi di miscelazione e mescolamento delle monete aiutano a nascondere la cronologia delle transazioni, rendendo difficile tracciare da dove provengano i soldi. Le Transazioni Confidenziali utilizzano metodi crittografici per crittografare gli importi delle transazioni, aggiungendo un ulteriore livello di privacy pur mantenendo l'integrità della rete. Per bilanciare privacy e apertura, le prove a conoscenza zero consentono la convalida delle transazioni senza divulgare informazioni sensibili.

Il mutare dell'ambiente normativo circostante le criptovalute sottolinea la necessità di bilanciare le preoccupazioni per la privacy con il requisito di trasparenza e conformità normativa. Governi ed autorità di regolamentazione lavorano per prevenire attività illegali mentre difendono il diritto alla privacy delle persone. L'anonimato e la prevenzione dei reati finanziari sono conciliati dalle norme anti-riciclaggio (AML). Comprendere questi punti di vista consente alle persone di navigare nei sistemi legali e di conformarsi alla legislazione. Diverse nazioni hanno punti di vista diversi sulla privacy e la trasparenza nella rete Bitcoin.

L'istruzione è essenziale per affrontare le difficoltà dell'anonimato e della trasparenza. Gli utenti di Bitcoin che sono consapevoli delle implicazioni di anonimato e trasparenza sono meglio attrezzati per prendere decisioni sagge e intraprendere le misure appropriate per proteggere la propria privacy. Inoltre, gli utenti hanno il dovere di usare cautela, rispettare la legge e la moralità, e bilanciare la privacy e la trasparenza quando interagiscono con la rete Bitcoin.

Il delicato equilibrio tra trasparenza e anonimato è dimostrato dalla rete Bitcoin. La privacy finanziaria, la libertà di espressione e le restrizioni della sorveglianza sono rese possibili attraverso l'anonimato. La responsabilità, la fiducia e l'evitamento di comportamenti fraudolenti sono garantiti dalla trasparenza. Le tecnologie che garantiscono la privacy forniscono capacità per migliorare la riservatezza senza compromettere l'integrità della rete. Il dibattito costante, le leggi aggiornate e la responsabilità degli utenti sono necessari per trovare l'equilibrio ideale tra privacy e responsabilità. Le persone possono navigare nella rete Bitcoin tenendo conto delle proprie esigenze di privacy, della conformità normativa e delle più ampie implicazioni sociali dell'ambiente finanziario decentralizzato comprendendo le dinamiche di anonimato e trasparenza.

CAPITOLO VI

Trading e Investimenti in Bitcoin

Comprendere la volatilità del prezzo del Bitcoin

La prima criptovaluta, Bitcoin, ha catturato l'attenzione della comunità finanziaria con la sua sorprendente volatilità dei prezzi. Investitori e analisti sono stati sia attratti che confusi dalla natura imprevedibile dei cambiamenti di prezzo di Bitcoin. Questa sezione esaminerà l'idea della volatilità del prezzo del Bitcoin, analizzando le sue cause, gli effetti sull'adozione e le implicazioni per gli investitori e l'ecosistema delle criptovalute nel suo complesso. Le persone possono prendere decisioni informate e navigare nel mercato delle criptovalute imprevedibile comprendendo le dinamiche della volatilità del prezzo del Bitcoin.

Il termine "volatilità del prezzo del Bitcoin" descrive i cambiamenti rapidi e significativi del valore della valuta in periodi molto brevi. Misure statistiche come la deviazione standard e gli indici di volatilità vengono spesso utilizzati per quantificare questa volatilità. Nel corso della sua esistenza, ci sono stati oscillazioni sostanziali nel prezzo di Bitcoin, con periodi di rapida crescita e rapida svalutazione.

Bitcoin è vulnerabile alle dinamiche di mercato e al trading speculativo a causa del suo volume di scambi elevato e della sua capitalizzazione di mercato relativamente ridotta. I cambiamenti di prezzo a breve termine possono essere influenzati in modo significativo dalla manipolazione di mercato, dal sentiment degli investitori e dagli eventi di notizie.

Il prezzo instabile di Bitcoin è il risultato della sua quantità finita e della sua natura decentralizzata. L'equilibrio delicato tra domanda e offerta può essere influenzato da cambiamenti nella domanda, nei tassi di adozione, nello sviluppo normativo e nelle variabili macroeconomiche, il che può portare a fluttuazioni dei prezzi.

A differenza degli asset convenzionali come azioni o obbligazioni, Bitcoin manca di criteri di valutazione fondamentali generalmente accettati. È difficile stimare con precisione il suo valore intrinseco in sua assenza, il che aumenta la volatilità dei prezzi. L'incertezza sul vero valore di Bitcoin porta a una maggiore speculazione e a oscillazioni di prezzo più ampie.

Per gli investitori, la volatilità del prezzo di Bitcoin offre sia opportunità che minacce. A causa del potenziale della volatilità per grandi profitti, attira speculatori e investitori che amano correre rischi. Se non gestita con attenzione, espone anche gli investitori a perdite considerevoli. Per navigare la volatilità e ridurre i rischi potenziali, è essenziale adottare misure di gestione del rischio e adottare un approccio di investimento a lungo termine.

L'adozione di Bitcoin come mezzo di scambio o di conservazione del valore potrebbe essere ostacolata dalla sua volatilità dei prezzi. A causa dell'impatto potenziale sui prezzi e sulla stabilità finanziaria, aziende e individui potrebbero essere restii ad abbracciare una valuta con una volatilità così elevata. Stabilità e prevedibilità sono necessarie per un'adozione diffusa e una accettazione mainstream, ma sono difficili da raggiungere di fronte a eccessive fluttuazioni dei prezzi.

A causa della sua intrinseca volatilità dei prezzi, sono possibili la manipolazione di mercato e altre pratiche fraudolente. I movimenti dei prezzi possono essere utilizzati a proprio vantaggio attraverso tecniche di manipolazione, tra cui truffe pump-and-dump e notizie false. Questo preoccupa i regolatori, il che sottolinea la necessità di solidi quadri regolamentari per proteggere gli investitori e preservare l'integrità del mercato.

Lo stato nascente del mercato delle criptovalute si riflette parzialmente nella volatilità del prezzo di Bitcoin. Un'infrastruttura migliorata, regolamenti più trasparenti e una maggiore liquidità potrebbero tutti portare a una minore volatilità con l'invecchiamento del mercato. La partecipazione degli investitori istituzionali, la creazione di derivati del Bitcoin e la formazione di scambi affidabili potrebbero portare a una maggiore stabilità del mercato.

Gli investitori possono ridurre la loro esposizione ai rischi derivanti dalle fluttuazioni dei prezzi di Bitcoin utilizzando strumenti finanziari come contratti futures e opzioni. I partecipanti al mercato possono coprire le loro posizioni e proteggersi dalle variazioni sfavorevoli dei prezzi utilizzando questi strumenti.

Le stablecoin, o valute digitali garantite da asset affidabili come il denaro fiat, cercano di stabilizzare il mercato delle criptovalute e ridurre la volatilità. Le stablecoin offrono un modo per effettuare transazioni senza essere esposti alle oscillazioni dei prezzi delle criptovalute come Bitcoin, fornendo un valore costante.

L'impatto della volatilità del prezzo di Bitcoin sul portafoglio di un investitore può essere ridotto diversificando gli asset attraverso diverse classi di attività e utilizzando tecniche di gestione del rischio. Le persone possono ridurre gli effetti negativi potenziali della volatilità di Bitcoin sulla loro ricchezza complessiva distribuendo il rischio e distribuendo gli asset tra diversi veicoli di investimento.

Un aumento della liquidità, una maggiore certezza regolamentare e l'adozione istituzionale possono contribuire a ridurre la volatilità dei prezzi man mano che il mercato del Bitcoin si sviluppa e matura. I quadri regolamentari che proteggono gli investitori e migliorano la stabilità del mercato possono attrarre investitori istituzionali e favorire l'accettazione generale.

Il coinvolgimento degli investitori istituzionali e la creazione di scambi di criptovalute affidabili possono fornire liquidità, che può contribuire a mantenere stabile il prezzo del Bitcoin. Una maggiore liquidità migliora l'efficienza dei prezzi e riduce l'effetto delle singole transazioni sull'intero mercato.

Lo sviluppo di modelli di valutazione affidabili e di misure fondamentali uniche per le criptovalute può contribuire a fornire una comprensione più approfondita del valore intrinseco del Bitcoin. I partecipanti al mercato possono prendere decisioni di investimento più informate e potenzialmente ridurre la volatilità dei prezzi creando procedure esplicite per determinare il valore del Bitcoin e delle altre criptovalute.

Il prezzo volatile del Bitcoin continua a essere la sua caratteristica distintiva. Sebbene offra opportunità per guadagni sostanziali, ci sono anche rischi e sfide per i quadri regolamentari e di adozione. Per investitori, partecipanti al mercato e regolatori, è cruciale comprendere le cause della volatilità dei prezzi e i suoi effetti. Lo sviluppo di modelli di valutazione, la maturazione del mercato e le strategie di mitigazione possono contribuire a creare un ambiente Bitcoin più sicuro e robusto. Gli individui possono navigare la volatilità dei prezzi del Bitcoin e contribuire all'espansione e alla sostenibilità dell'industria delle criptovalute accettando la volatilità intrinseca, utilizzando la gestione del rischio e mantenendo una visione a lungo termine.

Diverse approcci al trading di Bitcoin

La prima criptovaluta decentralizzata al mondo, il Bitcoin, ha completamente cambiato l'industria finanziaria e ha dato agli investitori accesso a nuove ed entusiasmanti opzioni di trading. Tuttavia, a causa dell'estrema volatilità del Bitcoin, il trading deve essere fatto con cautela. In questa sezione verranno discusse varie strategie di trading per il Bitcoin, come il day trading, lo swing trading e l'investimento a lungo termine. Per dotare le persone delle conoscenze necessarie per prendere decisioni sagge e attraversare con successo le complessità del trading di Bitcoin, esamineremo le strategie, i metodi e i fattori legati a ciascuna strategia.

Il day trading è un tipo di investimento che prevede l'acquisto e la vendita di un asset nello stesso giorno di trading al fine di trarre profitto dalle piccole variazioni di prezzo che si verificano frequentemente ma solo per un breve periodo di tempo. Gli operatori utilizzano l'analisi tecnica, le strategie di scalping e gli ordini di stop loss per fare rapidamente delle valutazioni e assicurare i guadagni. Per limitare le perdite potenziali, il day trading richiede un monitoraggio attivo e una gestione metodica del rischio.

Lo swing trading mira a ottenere profitti da tendenze a breve e medio termine concentrandosi sulle fluttuazioni di prezzo a medio termine. Gli operatori utilizzano l'analisi tecnica, le strategie di trend following e i livelli di supporto e resistenza per determinare le posizioni di ingresso e di uscita. Per ottimizzare i profitti potenziali, lo swing trading richiede pazienza, rigorosa gestione delle posizioni e aderenza a una strategia di trading.

Mantenere il Bitcoin per periodi più lunghi è considerato un investimento a lungo termine a causa della convinzione che il suo valore aumenterà nel tempo. Le decisioni di investimento a lungo termine sono guidate dall'analisi fondamentale, che include i tassi di adozione, gli sviluppi normativi e le considerazioni macroeconomiche. La strategia di "HODLing" e il costo medio ponderato riducono la volatilità dei prezzi a breve termine mentre massimizzano l'utilità a lungo termine del Bitcoin.

Secondo lo stato del mercato, molti trader utilizzano strategie ibride, integrando componenti da diversi sistemi. Nella scelta di una strategia, la valutazione del rischio e la valutazione del rendimento sono fattori cruciali da prendere in considerazione perché gli approcci ad alto rischio possono generare profitti più elevati ma esporre anche gli operatori a perdite significative. Il successo nel competitivo settore del Bitcoin richiede un apprendimento costante, il mantenimento della conoscenza sugli sviluppi del settore e la capacità di adattarsi.

Ci sono diversi modi per fare trading di Bitcoin, e ognuno ha le sue preoccupazioni, strategie e tecniche. Lo swing trading cattura le tendenze intermedie, mentre il day trading ti consente di trarre profitto dalle variazioni di prezzo a breve termine. Investire a lungo termine si concentra sul potenziale futuro aumento di valore del

Bitcoin. Nella scelta della propria strategia preferita, gli operatori devono tenere conto di aspetti come il coinvolgimento temporale, la gestione del rischio, l'analisi di mercato e il controllo emotivo. La chiave per superare la complessità del trading di Bitcoin è combinare le strategie e imparare e adattarsi continuamente. Le persone possono fare scelte informate e partecipare con fiducia al dinamico mondo del trading di Bitcoin comprendendo i vari modi e le tecniche e preoccupazioni correlate.

Strategie di investimento a lungo termine

Una valuta digitale con un notevole potenziale di investimento a lungo termine è emersa: il Bitcoin. Anche se il trading a breve termine può essere redditizio, perseguire una strategia di investimento a lungo termine consente alle persone di beneficiare dalla futura crescita del Bitcoin e di assicurarsi una quota nel mercato delle criptovalute in via di sviluppo. Questa sezione esaminerà varie tecniche di investimento a lungo termine in Bitcoin, evidenziandone vantaggi, fattori da considerare e potenziali preoccupazioni. Gli investitori possono negoziare l'ambiente volatile del mercato del Bitcoin e mettersi in una posizione di successo a lungo termine essendo consapevoli di queste strategie.

Mantenere un asset di investimento per un lungo periodo, ponendo meno enfasi sulle variazioni di prezzo a breve termine e più sull'eventuale crescita complessiva dell'asset. Coinvolge l'analisi di elementi che influenzano la longevità del Bitcoin, tra cui le tendenze di mercato, l'analisi fondamentale, gli sviluppi tecnologici, i tassi di adozione e i cambiamenti legislativi.

Le persone dovrebbero eseguire analisi fondamentali e studi sul Bitcoin al fine di effettuare selezioni di investimento informate. Questa analisi comporta la valutazione dei principi sottostanti al Bitcoin, tra cui la sua tecnologia, la comunità, i tassi di adozione e i potenziali casi d'uso. Gli investitori possono valutare la longevità e il potenziale di crescita a lungo termine del Bitcoin come asset di investimento essendo consapevoli di queste variabili.

Un metodo di investimento a lungo termine molto apprezzato che riduce l'impatto delle variazioni di prezzo a breve termine è la media del costo in dollari (DCA). Comprende l'investire costantemente una somma specifica di denaro in Bitcoin a intervalli prefissati, indipendentemente dal prezzo sul mercato aperto. Gli investitori possono accumulare Bitcoin nel tempo e trarre profitto dal potenziale sviluppo dell'asset aderendo a un regolare programma di investimento. Tuttavia, mentre si utilizza il DCA come strategia di investimento a lungo termine, gli investitori dovrebbero tenere conto dei costi di transazione, del tempo e della direzione generale del prezzo del Bitcoin.

Indipendentemente dalle oscillazioni di prezzo a breve termine, l'approccio buy and hold consiste nell'acquistare Bitcoin con l'obiettivo di tenerlo per un lungo periodo. Questa strategia si basa sulla convinzione che il Bitcoin abbia il potenziale per una crescita a lungo termine e possa superare gli asset di investimento convenzionali. Gli investitori possono ridurre i costi di transazione, prendere decisioni di investimento più semplici e trarre profitto dal potenziale di crescita a lungo termine del Bitcoin utilizzando una strategia di buy and hold. Gli investitori devono, tuttavia, valutare attentamente le prospettive a lungo termine del Bitcoin, gestire eventuali pericoli e rimanere aggiornati sugli eventi di mercato.

Qualsiasi strategia di investimento a lungo termine, compreso il Bitcoin, deve includere la diversificazione. Gli investitori possono ridurre il rischio associato ad un singolo investimento distribuendo i loro investimenti su una varietà di classi di asset. La diversificazione del

Bitcoin riduce il rischio totale e offre accesso alla sua futura crescita. Le procedure di gestione del rischio devono includere revisioni periodiche del portafoglio, valutazioni del rischio e riequilibrio delle posizioni. Gli investitori possono controllare con successo i rischi negativi e proteggere il capitale mantenendo la corretta allocazione degli asset.

La pazienza e la forza emotiva sono necessarie per gli investimenti a lungo termine. Il carattere volatile del Bitcoin e i cambiamenti di mercato possono mettere alla prova la determinazione degli investitori. Le persone che vogliono avere successo devono mantenere una prospettiva a lungo termine, concentrarsi sui fondamentali e astenersi dall'agire emotivamente in risposta alle fluttuazioni di mercato a breve termine. Gli investitori possono resistere alle flessioni di mercato ed evitare mosse impulsive che potrebbero compromettere le prestazioni finanziarie a lungo termine rimanendo pazienti e resilienti.

Gli advisor finanziari che si concentrano sugli investimenti in criptovalute possono essere d'aiuto agli investitori. Questi consulenti possono offrire consigli illuminanti e supporto nella coordinazione di piani di investimento a lungo termine con obiettivi monetari, tolleranza al rischio e portafogli di investimento totali. Nella scelta delle piattaforme di investimento, dei servizi di custodia e dei prodotti legati al Bitcoin, è essenziale anche una ricerca approfondita. I rischi legati agli investimenti in Bitcoin possono essere ridotti facendo ricerca su scambi affidabili, comprendendo le misure di sicurezza e tenendo conto della conformità normativa.

I piani di investimento a lungo termine in Bitcoin danno alle persone la possibilità di trarre profitto dalla crescita potenziale e di assicurarsi una quota nel settore delle criptovalute in via di sviluppo. Gli investitori possono prepararsi al successo a lungo termine impegnandosi in studi di base, adottando metodi come la media del costo in dollari e il buy and hold, diversificando i loro portafogli, minimizzando i rischi, rimanendo pazienti e ottenendo assistenza professionale. Anche se gli investimenti in Bitcoin comportano certi rischi, con una riflessione attenta, una ricerca adeguata e un approccio disciplinato, è possibile navigare con successo nel paesaggio degli investimenti in criptovaluta in continua evoluzione e realizzare il potenziale a lungo termine del Bitcoin come classe di attività apprezzata. Le persone possono partecipare alla rivoluzione digitale in corso e potenzialmente trarre profitto dalla crescita continua e dall'adozione del Bitcoin adottando un atteggiamento di investimento a lungo termine.

Gestione dei rischi e evitare le trappole comuni

Il mondo delle finanze digitali offre interessanti potenzialità di investimento in Bitcoin. Tuttavia, è cruciale comprendere che un enorme promessa comporta anche rischi intrinseci. Questa sezione esaminerà diverse tecniche di gestione del rischio e problemi comuni legati agli investimenti in Bitcoin. Gli investitori possono proteggere i loro investimenti in Bitcoin e navigare nel carattere dinamico e talvolta volatile del mercato delle criptovalute mettendo in atto buone misure di gestione del rischio e rimanendo vigili.

Gli investimenti in Bitcoin presentano certi rischi che dovrebbero essere attentamente considerati. La volatilità del mercato e le variazioni dei prezzi sono ciò che rende unico Bitcoin. Gli investitori devono essere disposti ad assumersi il rischio intrinseco causato da queste fluttuazioni di prezzo. Inoltre, gli investitori sono vulnerabili alla manipolazione di mercato e alle attività fraudolente a causa della struttura non regolamentata del mercato delle criptovalute, pertanto è necessaria cautela e monitoraggio.

Prendere decisioni informate è essenziale per gestire con successo i rischi. Gli investitori dovrebbero effettuare approfondite ricerche su Bitcoin, comprendendo la sua tecnologia, la comunità, i tassi di adozione e le minacce potenziali. È importante rimanere al passo con le più recenti innovazioni, cambiamenti legislativi e tendenze del settore. Per trovare progetti affidabili e prevenire frodi, è essenziale effettuare dovuta diligenza sulle opportunità di investimento potenziali, come le offerte iniziali di monete (ICO) o le altcoin.

È cruciale stabilire obiettivi di investimento basati sugli obiettivi finanziari individuali e sugli orizzonti temporali. La giusta strategia di investimento è determinata dall'abbinamento degli obiettivi di investimento con la tolleranza al rischio, che sia la crescita a lungo termine, la conservazione del capitale o l'espansione della ricchezza. Gli investitori possono scegliere strategie che corrispondono ai loro livelli di comfort valutando la loro tolleranza al rischio tenendo conto di aspetti come la stabilità finanziaria, l'esperienza di investimento e la resilienza emotiva.

Per qualsiasi portafoglio di investimenti, compreso Bitcoin, la diversificazione è una strategia di gestione del rischio cruciale. I rischi associati a un singolo investimento possono essere ridotti diversificando gli asset tra altre classi di attività, inclusi Bitcoin e investimenti convenzionali. La diversificazione aumenta la possibilità di rendimenti stabili riducendo l'esposizione alla volatilità di un singolo asset. È importante prendere in considerazione le condizioni di mercato, la tolleranza al rischio e gli obiettivi di investimento nella scelta della giusta allocazione degli asset.

Gli investitori dovrebbero utilizzare tecniche di gestione del rischio specifiche per i loro profili di investimento al fine di controllare correttamente i rischi. Gli investitori possono ridurre al minimo le loro perdite potenziali durante le flessioni di mercato utilizzando ordini stop-loss per definire livelli di prezzo specificati ai quali vendere le loro posizioni in Bitcoin. Mantenere l'alleanza degli asset target e adattarsi alle mutevoli condizioni di mercato è reso più facile valutando e riequilibrando regolarmente i portafogli di investimento.

È essenziale proteggere i propri investimenti in Bitcoin dal furto e dagli hacker. Precauzioni importanti per la sicurezza includono l'implementazione di portafogli sicuri, l'utilizzo dell'autenticazione a più fattori e il mantenimento di copie di backup dei dati del portafoglio. La protezione viene aumentata seguendo le procedure consigliate per la sicurezza online, come la creazione di password robuste, l'abilitazione dell'autenticazione a due fattori e l'essere vigili nei confronti dei tentativi di phishing. Aggiornamenti software regolari e la conoscenza delle attuali problematiche legate alla cybersecurity aggiungono un ulteriore strato di protezione.

Una gestione efficace del rischio richiede il monitoraggio costante delle tendenze di mercato, degli sviluppi legislativi e delle notizie del settore. Per fare scelte sagge, gli investitori dovrebbero leggere fonti di notizie affidabili, interagire con la comunità di Bitcoin e tenere d'occhio le indicazioni di mercato. Evitare decisioni impulsive dettate dalle fluttuazioni dei prezzi a breve termine richiede disciplina emotiva e pazienza.

Gli advisor finanziari specializzati negli investimenti in criptovalute dovrebbero essere consultati per ottenere consigli illuminanti. I consulenti esperti offrono insights di settore, aiutano nella valutazione del profilo di rischio e creano piani di gestione del rischio personalizzati. Le discussioni con investitori esperti, la partecipazione a forum e l'interazione con la comunità di Bitcoin favoriscono tutti l'apprendimento reciproco e il supporto.

Gli investimenti in Bitcoin di successo dipendono dalla gestione dei rischi e dall'evitare gli errori tipici. Gli investitori possono proteggere i propri investimenti in Bitcoin e navigare nel dinamico mercato delle criptovalute con maggiore fiducia conducendo ricerche approfondite, stabilendo obiettivi di investimento chiari, diversificando i portafogli, attuando strategie di gestione del rischio, dando priorità alle misure di sicurezza, rimanendo informati e cercando consigli professionali. Le persone possono massimizzare i vantaggi di Bitcoin limitando eventuali svantaggi tramite metodi saggi e diligenti. Gli investitori possono posizionarsi per il successo a lungo termine nel fascinoso mondo degli investimenti in Bitcoin adottando un approccio proattivo alla gestione del rischio.

CAPITOLO VII

Regolamentazione del Bitcoin e Considerazioni Legal

Panoramica della regolamentazione del Bitcoin nel mondo

La prima criptovaluta, Bitcoin, ha rivoluzionato la finanza tradizionale ed è ora ampiamente utilizzata in tutto il mondo. Poiché Bitcoin è una valuta digitale che opera a livello internazionale, governi e agenzie regolatorie di tutto il mondo hanno creato quadri normativi per controllarne l'uso. Questa sezione fornirà una panoramica globale delle leggi su Bitcoin ed esplorerà le diverse posizioni che hanno assunto varie nazioni e aree. Esamineremo le ragioni che giustificano le azioni normative, gli elementi essenziali dei quadri normativi, così come le sfide e le opportunità che presentano.

Individui e aziende possono affrontare la complessità delle transazioni Bitcoin con fiducia e conformità essendo consapevoli del mutevole panorama normativo.

Affrontando minacce come frodi, hacking e schemi Ponzi collegati a Bitcoin e altre criptovalute, i regolatori cercano di proteggere i consumatori. Le normative aiutano a salvaguardare i consumatori dalle potenziali perdite e a aumentare la fiducia nello scambio di asset digitali.

Poiché Bitcoin è pseudonimo, sorgono domande su come potrebbe essere utilizzato a scopi illegali. Applicando restrizioni sul riciclaggio di denaro (AML) e sul finanziamento del terrorismo (CTF) agli scambi di Bitcoin e ai fornitori di servizi, i regolatori mirano a prevenire il riciclaggio di denaro, il finanziamento del terrorismo e altre attività illecite.

I regolatori stanno monitorando i rischi posti da Bitcoin per garantire la stabilità finanziaria, data l'influenza potenziale della criptovaluta sulle istituzioni bancarie convenzionali. Potrebbero decidere di attuare normative per contrastare rischi sistemici, manipolazione di mercato e speculazione eccessiva.

Alcune nazioni hanno deciso di vietare o limitare severamente l'uso di Bitcoin e altre criptovalute. Il divieto può essere una risposta a preoccupazioni riguardanti la fuga di capitali, la mancanza di regolamentazione del sistema finanziario o una percezione di rischi per la sicurezza nazionale. Tuttavia, il divieto assoluto può favorire economie sommerse e ostacolare l'innovazione.

Numerose giurisdizioni hanno scelto di trattare Bitcoin come un asset digitale o una merce e conferirgli un riconoscimento legale. Questa strategia accetta la realtà delle criptovalute mentre le sottopone a certe leggi come tassazione, protezione dei consumatori e procedure contro il riciclaggio di denaro.

I regolatori in numerose nazioni richiedono che gli scambi di Bitcoin e i fornitori di servizi si registrino presso le autorità competenti o ottengano licenze. Queste misure sono destinate a garantire il rispetto dei requisiti legali, promuovere la trasparenza e ridurre i rischi associati all'ecosistema delle criptovalute.

Alcune nazioni hanno creato "sandbox" normativi che permettono a imprenditori e aziende nel settore delle criptovalute di operare con regolamentazioni più rilassate. I sandbox offrono un ambiente controllato per l'innovazione e l'esperimento mantenendo al contempo la protezione dei consumatori e riducendo i rischi.

I requisiti di Conosci il tuo Cliente (KYC) e Antiriciclaggio (AML) vengono spesso imposti agli scambi di Bitcoin e ai fornitori di servizi dalle normative. Verificare le identità dei clienti e mettere in atto politiche per prevenire il riciclaggio di denaro e il finanziamento del terrorismo sono due di questi requisiti.

I requisiti specifici di licenza o registrazione per le aziende correlate a Bitcoin possono essere delineati nei quadri normativi. Questi processi implicano il soddisfacimento di requisiti specifici, dimostrare la conformità ai requisiti legali e mantenere l'apertura operativa.

La tassazione di Bitcoin e altre criptovalute è ora argomento di discussione tra i governi di tutto il mondo. Le criptovalute possono essere trattate come asset soggetti a imposte sulle plusvalenze, IVA transazionale o altre responsabilità fiscali ai sensi della legislazione fiscale.

I regolatori possono imporre requisiti di segnalazione e divulgazione agli scambi di Bitcoin e ai fornitori di servizi. Questi impegni includono la divulgazione delle informazioni sulle transazioni, la consegna di relazioni finanziarie coerenti e la partecipazione a audit regolatori.

Ci sono varie approcci e interpretazioni tra le nazioni, creando un ambiente normativo mondiale frammentato per Bitcoin. Questa frammentazione presenta difficoltà per le multinazionali e potrebbe impedire a Bitcoin di integrarsi agevolmente nel sistema finanziario mondiale.

Il problema per i regolatori è tenere il passo con la tecnologia che avanza rapidamente nell'industria delle criptovalute. È necessaria una comprensione approfondita della tecnologia e delle sue implicazioni potenziali per trovare un equilibrio tra la promozione dell'innovazione e la tutela dei clienti.

A causa del carattere globale di Bitcoin, le questioni normative devono essere risolte con successo attraverso la collaborazione normativa internazionale. La condivisione delle migliori pratiche, l'armonizzazione delle leggi e la creazione di quadri normativi uniformi possono essere facilitati attraverso la collaborazione.

Mentre governi e agenzie regolatorie lottano con i benefici e i problemi posti dalle criptovalute, le normative su Bitcoin in tutto il mondo continuano a cambiare. Sebbene ci siano molte ragioni per la regolamentazione, dalla stabilità finanziaria alla protezione dei consumatori, i metodi utilizzati dai vari paesi variano notevolmente. Per individui e organizzazioni che conducono transazioni Bitcoin, è cruciale comprendere gli elementi fondamentali dei quadri normativi, compresi i regolamenti KYC e AML, le procedure di licenza, la tassazione e i requisiti di segnalazione. È essenziale tenersi aggiornati sui cambiamenti normativi in determinate giurisdizioni e, quando necessario, cercare consulenza legale e di conformità. Individui e organizzazioni possono sfruttare le potenzialità di Bitcoin garantendo al contempo la conformità alle leggi regionali e agli standard internazionali navigando nel panorama normativo in continua evoluzione con consapevolezza, adattamento e conformità.

Implicazioni fiscali delle transazioni Bitcoin

La prima criptovaluta, Bitcoin, ha rivoluzionato il mondo finanziario fornendo agli utenti una valuta digitale decentralizzata e internazionale. Tuttavia, è importante comprendere le implicazioni fiscali nell'uso di Bitcoin, man mano che diventa sempre più popolare. Le implicazioni fiscali e le considerazioni delle transazioni Bitcoin saranno discusse in questa sezione. Argomenti chiave come l'imposta sul reddito, l'imposta sulle plusvalenze, i requisiti di segnalazione e la tassazione estera saranno approfonditi. Individui e organizzazioni possono gestire la complessità delle tasse e garantire la conformità alle pertinenti normative fiscali ottenendo una conoscenza approfondita dell'ambiente fiscale che circonda Bitcoin.

Bitcoin e altre criptovalute sono tipicamente trattati come proprietà anziché come valuta dalle autorità fiscali di tutto il mondo. Questa classificazione ha importanti implicazioni fiscali perché richiede alle persone di segnalare guadagni o perdite derivanti dalle transazioni Bitcoin.

L'acquisto o la vendita di Bitcoin in cambio di denaro fiat, il trading di Bitcoin per beni o servizi, il ricevimento di Bitcoin come pagamento, il mining di Bitcoin e altre transazioni Bitcoin possono tutte comportare eventi tassabili. A seconda delle normative fiscali della giurisdizione pertinente, ogni evento potrebbe avere un impatto fiscale diverso.

L'imposta sul reddito si applica ai profitti del mining di Bitcoin. Il valore di ciascun Bitcoin minato deve essere segnalato dai minatori come reddito tassabile al momento del ricevimento. Inoltre, molti costi correlati al mining, inclusi quelli per energia ed attrezzature, possono essere deducibili fiscalmente.

Bitcoin è considerato reddito tassabile quando viene utilizzato come pagamento per beni o servizi. Ai fini fiscali, il beneficiario deve includere il valore di mercato equo del Bitcoin ricevuto al momento della transazione nel proprio reddito.

Le tasse sulle plusvalenze si applicano a eventuali guadagni o perdite derivanti dall'acquisto e dalla vendita di Bitcoin. Il tempo di detenzione e lo scopo della transazione influenzano entrambi il trattamento fiscale. Per i Bitcoin detenuti per meno di un anno, le plusvalenze a breve termine sono normalmente tassate a tassi più alti rispetto alle plusvalenze a lungo termine, che godono di tassi fiscali più bassi.

Calcolare le plusvalenze o le perdite richiede la conoscenza della base di costo di Bitcoin. È fondamentale mantenere registri accurati, inclusa la prova delle date, dei costi e delle commissioni associate agli acquisti. La base di costo può essere stabilita in diversi modi, tra cui FIFO (First-In-First-Out) o identificazione particolare.

Le autorità fiscali richiedono che le persone registrino le transazioni Bitcoin che superano una determinata quantità. Il valore dei Bitcoin detenuti alla fine dell'anno fiscale, nonché la vendita di Bitcoin e i Bitcoin ricevuti come pagamento, devono essere tutti segnalati.

Le borse e i processori di pagamento di Bitcoin negli Stati Uniti sono tenuti a fornire il Modulo 1099-K ai clienti che raggiungono determinati criteri di transazione. L'importo lordo delle transazioni Bitcoin viene riportato sul Modulo 1099-K, fornendo dati che devono essere segnalati nella dichiarazione dei redditi del contribuente.

Il fatto che Bitcoin non abbia confini geografici rende difficile per gli ufficiali fiscali stabilire le pertinenti normative fiscali. Quando si effettuano transazioni Bitcoin transfrontaliere, le persone devono tenere conto delle implicazioni fiscali sia nella propria giurisdizione di origine che nella giurisdizione del controvalore.

I trattati fiscali tra le nazioni possono avere un effetto sulle modalità di tassazione delle transazioni Bitcoin definendo come dovrebbe essere distribuita l'autorità fiscale e possibilmente prevenendo la doppia imposizione. Inoltre, quando si effettuano transazioni internazionali con Bitcoin, le persone potrebbero essere soggette a requisiti di segnalazione come lo Standard di Reporting Comune (CRS) o i Rapporti sui Conti Bancari Esterni (FBAR).

Data la complessità della tassazione di Bitcoin, si consiglia vivamente di consultare esperti fiscali che siano anche esperti di criptovalute. Comprendere i precisi requisiti fiscali, ottimizzare le detrazioni ammissibili e mantenere la conformità alle regole fiscali sono tutti più facili con l'aiuto di professionisti fiscali.

Per la conformità fiscale, è essenziale mantenere dettagliati registri di tutte le transazioni Bitcoin, comprese le fatture di acquisto e vendita, i riepiloghi delle transazioni e i dati di base di costo. Mantenere registri accurati può rendere più facile la compilazione delle tasse e supportare eventuali richieste o detrazioni.

Comprendere le implicazioni fiscali delle transazioni Bitcoin è cruciale sia per individui che per imprese mentre la criptovaluta guadagna popolarità. Lo status di proprietà di Bitcoin e il suo ampio spettro di eventi tassabili complicano la pianificazione fiscale e la segnalazione. È importante negoziare correttamente questioni come l'imposta sul reddito sul mining e il pagamento di Bitcoin, l'imposta sulle plusvalenze sull'acquisto e la vendita di Bitcoin, gli obblighi di segnalazione e le implicazioni fiscali globali. Una gestione efficace delle passività fiscali di Bitcoin richiede il ricorso a consulenti professionali, il mantenimento di registri dettagliati e l'assicurazione del rispetto di tutte le leggi fiscali applicabili. Individui e organizzazioni possono impegnarsi tranquillamente in transazioni Bitcoin soddisfacendo le proprie obbligazioni fiscali e sfruttando i vantaggi della proprietà di valute digitali comprendendo il panorama fiscale e attuando adeguate procedure fiscali.

Sfide legali e controversie legate al Bitcoin

La prima valuta digitale decentralizzata al mondo, Bitcoin, ha trasformato l'industria finanziaria e ha attirato considerevole interesse mediatico. Tuttavia, Bitcoin incontra una serie di sfide legali e controversie mentre continua a crescere in popolarità. Esploreremo le complicazioni legali di Bitcoin in questa sezione, inclusa l'ambiguità normativa, le preoccupazioni riguardanti il riciclaggio di denaro, le questioni fiscali e il suo legame con l'attività illegale. Cerchiamo di fare luce sul mutevole panorama legale di Bitcoin e le sue implicazioni per individui, imprese e governi analizzando queste sfide e conflitti.

A causa delle sue caratteristiche distintive, i governi e le entità regolatorie trovano difficile categorizzare Bitcoin. La posizione legale e normativa di Bitcoin dipende dal fatto che debba essere trattato come valuta, merce o asset digitale.

Le diverse posizioni normative assunte verso Bitcoin in tutto il mondo hanno lasciato il sistema legale frammentato. Per individui e imprese che operano oltre confine, la mancanza di uniformità presenta difficoltà, complicando la conformità e sollevando questioni legali.

Poiché Bitcoin è pseudonimo, ci sono domande su come possa essere utilizzato per attività illegali e riciclaggio di denaro. Secondo i detrattori, l'anonimato delle transazioni Bitcoin attira criminali che cercano di riciclare denaro o condurre transazioni illegali.

Per contrastare i rischi di riciclaggio di denaro correlati alle criptovalute, i governi di tutto il mondo hanno messo in atto regolamenti Conosci il tuo Cliente (KYC) e antiriciclaggio (AML). Secondo queste normative, le aziende e gli scambi devono investigare i propri clienti e segnalare eventuali transazioni sospette.

Ci sono implicazioni fiscali se Bitcoin viene categorizzato come proprietà anziché come valuta. Il trattamento fiscale adeguato, compresa l'imposta sulle plusvalenze, l'imposta sul reddito derivante dal mining e i requisiti di segnalazione, rappresenta un problema per le autorità fiscali in molte giurisdizioni.

La natura decentralizzata di Bitcoin rende difficile per le autorità fiscali determinare le implicazioni fiscali delle transazioni internazionali. La complessità della tassazione di Bitcoin in un contesto mondiale è ancora oggetto di trattativa attraverso trattati fiscali e sistemi fiscali internazionali.

I sistemi legali sono sfidati da controversie legali derivanti dalle transazioni Bitcoin, come violazioni contrattuali o frodi. A causa della natura internazionale delle transazioni Bitcoin, stabilire la giurisdizione, far rispettare i contratti e recuperare gli asset in caso di controversie può essere complicato.

Stanno aumentando sempre di più le misure di applicazione normativa contro schemi ingannevoli, scambi non registrati e aziende non conformi. Sebbene queste misure siano destinate a proteggere i consumatori e preservare l'integrità del mercato, sollevano anche preoccupazioni sui confini del potere regolatorio e sui potenziali eccessi regolatori.

La tecnologia che sostiene Bitcoin, la blockchain, ha il potenziale per rivoluzionare molte altre industrie. Tuttavia, i quadri legali hanno trovato difficile tenere il passo con lo sviluppo rapido della blockchain, portando a preoccupazioni riguardanti i diritti di proprietà intellettuale, la privacy dei dati e l'applicabilità dei contratti intelligenti.

Le Offerte Iniziali di Moneta (ICO), un tipo di raccolta fondi che coinvolge l'emissione di token digitali, sono state attirate dall'attenzione legale a causa delle preoccupazioni sulla protezione degli investitori e la legislazione sui titoli. Determinare quando i token dovrebbero essere categorizzati come titoli e soggetti ai quadri regolamentari attuali si è rivelato difficile per i regolatori.

Gli investitori sono a rischio a causa della volatilità del prezzo di Bitcoin e della possibilità di manipolazione di mercato. Incoraggiando la consapevolezza degli investitori e educando il pubblico sui rischi associati agli investimenti in criptovalute, governi e autorità mirano a proteggere i consumatori.

Poiché Bitcoin è decentralizzato e in gran parte non regolamentato, ha favorito un'atmosfera che favorisce frodi e pratiche commerciali poco chiare. Sono emersi schemi piramidali, truffe di phishing e offerte iniziali di monete fasulle, prendendo di mira persone ingenui. La sicurezza pubblica dipende dall'educazione dei clienti e dall'attuazione di leggi anti-frode.

L'introduzione di Bitcoin ha interrotto le strutture bancarie consolidate e ha causato varie controversie e sfide legali. L'ambiente legale che circonda Bitcoin è in costante cambiamento a causa dell'incertezza regolamentare, delle preoccupazioni riguardanti il riciclaggio di denaro e altre attività illegali, delle sfide fiscali, delle battaglie legali e delle preoccupazioni per la protezione degli investitori. Trovare le soluzioni giuste e trovare un equilibrio tra innovazione, protezione dei consumatori e preservazione dell'integrità dei mercati finanziari è una sfida per governi, regolatori e sistemi legali. I responsabili delle politiche possono creare solidi quadri regolamentari che incoraggiano l'innovazione preservando nel contempo l'interesse pubblico negoziando queste questioni legali. Per gestire con successo l'ambiente legale che circonda Bitcoin, individui e organizzazioni dovrebbero essere aggiornati sui requisiti legali in evoluzione, ottenere consulenza legale se necessario e adempiere ai doveri di conformità.

Prospettive future per la regolamentazione del Bitcoin

La rivoluzionaria criptovaluta Bitcoin ha sconvolto i sistemi finanziari consolidati e ha generato un dibattito sulla necessità di quadri regolamentari su scala mondiale. Le prospettive future per la regolamentazione di Bitcoin continuano ad essere oggetto di interesse significativo poiché governi e agenzie regolatorie lottano con le difficoltà e le opportunità poste dalle criptovalute. Esploreremo le implicazioni e i futuri possibili della regolamentazione di Bitcoin in questa sezione. Parleremo di argomenti importanti come quadri legali, cooperazione internazionale, sviluppi tecnologici e il ruolo in evoluzione delle criptovalute nell'economia mondiale. Cerchiamo di chiarire il futuro e eventuali effetti sulle persone, sulle imprese e sul panorama finanziario più ampio osservando queste prospettive.

La creazione di quadri regolamentari più standard e trasparenti è una potenziale opportunità futura per la regolamentazione di Bitcoin. Governi e organizzazioni regolamentari possono cercare di stabilire regolamenti chiari che specificano lo status legale di Bitcoin, la tassazione, i requisiti di segnalazione e le salvaguardie per gli investitori. Le regolamentazioni chiare possono promuovere l'innovazione mentre prevengono attività illegali.

Trovare un equilibrio tra la promozione dell'innovazione e il mantenimento della stabilità finanziaria è un problema per i regolatori. I futuri quadri regolamentari potrebbero essere progettati per gestire preoccupazioni legate alle criptovalute, come la volatilità del mercato, i rischi sistemici e la protezione dei consumatori, promuovendo nel contempo un ambiente che favorisce l'innovazione tecnologica.

Per affrontare la natura globale di Bitcoin, la cooperazione internazionale tra governi e agenzie regolatorie è cruciale. Per migliorare le transazioni transfrontaliere e ridurre la frammentazione regolamentare, le prospettive future possono coinvolgere il coordinamento delle strategie regolamentari, lo scambio di migliori pratiche e l'adozione di standard uniformi.

Gli sforzi regolamentari futuri potrebbero concentrarsi sul miglioramento degli strumenti di applicazione transfrontaliera quando le transazioni Bitcoin attraversano i confini nazionali. La collaborazione nella lotta contro il riciclaggio di denaro correlato alle criptovalute, il finanziamento del terrorismo e altre attività illegali può migliorare l'efficienza regolamentare e promuovere la fiducia nel sistema finanziario globale.

La tecnologia blockchain, che sostiene Bitcoin, ha enormi promesse al di fuori delle valute digitali. La futura legislazione potrebbe essere orientata a promuovere l'uso della tecnologia blockchain in una vasta gamma di settori risolvendo nel contempo problemi legati alla privacy dei dati, ai contratti intelligenti e all'interoperabilità.

I governi ora hanno la possibilità di esaminare l'integrazione di Bitcoin e altre criptovalute nei loro sistemi monetari grazie alla crescita delle valute digitali delle banche centrali (CBDC). Quadri regolamentari che supportano la coesistenza di CBDC e criptovalute decentralizzate in futuro potrebbero essere necessari per favorire l'inclusione finanziaria e l'innovazione.

La futura legislazione potrebbe concentrarsi sulla creazione di un ambiente sicuro e regolamentato per la partecipazione degli investitori istituzionali mentre questi entrano sempre più nel mercato del Bitcoin. Ciò potrebbe comportare la creazione di quadri di investimento, leggi sulla custodia e infrastrutture per il trading e lo stoccaggio di Bitcoin di livello istituzionale.

La possibile integrazione di Bitcoin con i sistemi finanziari convenzionali potrebbe influenzare le future strategie regolamentari. La collaborazione tra le borse di criptovalute e le istituzioni finanziarie consolidate potrebbe portare a controlli di conformità più affidabili, interoperabilità e un'integrazione agevole delle criptovalute nei quadri attuali.

Le prospettive future potrebbero vedere un cambiamento nell'approccio regolamentare verso Bitcoin, da un'iniziale scetticismo e resistenza a una posizione più cooperativa. Per favorire il dialogo, comprendere i potenziali vantaggi e affrontare proattivamente le preoccupazioni, i regolatori potrebbero interagire attivamente con gli attori del settore, le istituzioni accademiche e gli sviluppatori tecnologici.

La futura regolamentazione potrebbe prendere in considerazione come sta cambiando la percezione delle criptovalute mentre la consapevolezza pubblica e la comprensione del Bitcoin continuano a crescere. Per educare i consumatori, combattere le informazioni errate e aumentare la fiducia pubblica nei potenziali vantaggi di Bitcoin e altre valute digitali, devono essere intraprese azioni regolamentari.

Le prospettive per la regolamentazione di Bitcoin in futuro sono complesse e includono quadri legali, collaborazione internazionale, sviluppi tecnologici e il cambiamento del ruolo delle criptovalute nell'economia globale. Il futuro panorama regolamentare deve essere plasmato stabilendo uniformità e trasparenza regolamentare, bilanciando innovazione e stabilità e incoraggiando la cooperazione globale. Abbracciare gli sviluppi tecnici offre opportunità di integrazione e adozione su vasta scala, come la tecnologia blockchain e le valute digitali emesse dalle banche centrali. La futura regolamentazione di Bitcoin dovrebbe tenere conto dei potenziali vantaggi affrontando al contempo i pericoli e garantendo la protezione dei consumatori mentre la tecnologia continua a svilupparsi. Regolatori, aziende e individui possono sfruttare appieno il potenziale di Bitcoin preservando l'integrità e la stabilità del sistema finanziario internazionale procedendo con un approccio aperto e cooperativo.

CAPITOLO VIII

Criptovalute Alternative e il Futuro del Bitcoin

Introduzione ad altre criptovalute popolari

Mentre Bitcoin continua ad essere la criptovaluta più conosciuta e prominente, il panorama delle valute digitali è drasticamente cambiato, dando origine ad altre criptovalute alternative. Affronteremo alcune delle criptovalute ben conosciute emerse insieme a Bitcoin in questa sezione. Indagheremo sulle loro qualità speciali, sulle tecnologie sottostanti e sui potenziali utilizzi. Cerchiamo di presentare una panoramica dell'ecosistema in evoluzione degli asset digitali e di sottolineare l'impatto potenziale di queste criptovalute alternative esplorando il variato mondo delle criptovalute.

Una piattaforma blockchain decentralizzata chiamata Ethereum (ETH) facilita lo sviluppo e l'esecuzione di contratti intelligenti. I programmatori possono ora creare applicazioni decentralizzate (DApp) e lanciare nuovi asset digitali utilizzando offerte iniziali di monete (ICO) grazie all'introduzione dell'idea di denaro programmabile.

La capacità di eseguire contratti intelligenti, contratti autoeseguenti con circostanze predefinite, è ciò che rende Ethereum unico. Questa funzionalità ha aperto la strada a numerose applicazioni decentralizzate in una varietà di settori, tra cui la gestione dell'identità, il gioco d'azzardo, il settore bancario e la catena di approvvigionamento.

Un protocollo di pagamento digitale chiamato Ripple (XRP) è stato creato per rendere possibili transazioni transfrontaliere veloci, economiche e sicure. Una valuta ponte per consentire trasferimenti tra diverse valute fiat è la sua criptovaluta nativa, chiamata XRP.

L'architettura e il meccanismo di consenso di Ripple sono progettati per aumentare l'efficacia delle istituzioni bancarie convenzionali. Può rivoluzionare le rimesse internazionali e la gestione della liquidità consentendo alle istituzioni finanziarie di liquidare le transazioni in tempo reale e a tariffe più basse.

Una criptovaluta peer-to-peer sviluppata da Charlie Lee, Litecoin (LTC) è spesso definita come l'argento rispetto all'oro di Bitcoin. Nonostante abbia un algoritmo di hash diverso e tempi di generazione dei blocchi più veloci rispetto a Bitcoin, è molto simile a quella valuta digitale.

Litecoin si differenzia da Bitcoin per il fatto che il tempo di generazione del blocco è più veloce e il limite di fornitura è più alto. Promette di accelerare le conferme delle transazioni e offrire ai consumatori comuni una seconda scelta per la valuta digitale.

Una piattaforma blockchain chiamata Cardano (ADA) intende offrire una base sicura e scalabile per la creazione di applicazioni decentralizzate e contratti intelligenti. Pone un forte accento su un approccio accademico rigoroso incentrato sulla blockchain.

Ouroboros, un algoritmo di consenso unico sviluppato da Cardano, fa uso del protocollo proof-of-stake. Contrariamente al processo proof-of-work intensivo in termini energetici di Bitcoin, mira a migliorare la scalabilità, l'efficienza energetica e la sostenibilità complessiva.

Un protocollo blockchain chiamato Polkadot (DOT) intende rendere possibile la comunicazione tra più blockchain in modo trasparente. Punta a superare i problemi di scalabilità e promuovere la cooperazione tra varie reti blockchain.

Il "web di blockchain" proposto da Polkadot consente il trasferimento di asset e dati tra diverse catene. Fornisce opportunità per blockchain specializzate di collaborare e condividere asset, migliorando alla fine l'usabilità e la funzionalità delle applicazioni decentralizzate.

Con un'enfasi sull'inclusione finanziaria, Stellar (XLM) è una piattaforma decentralizzata creata per rendere possibili pagamenti transfrontalieri rapidi ed economici. Ambisce a collegare individui, sistemi di pagamento e istituzioni finanziarie per costruire una diversificata rete finanziaria globale.

La rappresentazione di asset multipli sulla blockchain è resa possibile dalla rete di Stellar, che consente l'emissione e il trasferimento senza soluzione di continuità di token. Questa funzione rende possibile la tokenizzazione di asset fisici e la conduzione di micro pagamenti e rimesse.

Le criptovalute alternative offrono una varietà di funzionalità e casi d'uso oltre al ruolo pionieristico di Bitcoin mentre il mercato delle criptovalute continua a svilupparsi. L'ecosistema in crescita degli asset digitali beneficia delle capacità dei contratti intelligenti di Ethereum, della concentrazione di Ripple sui pagamenti mondiali efficaci, delle transazioni rapide di Litecoin, dell'approccio metodico di Cardano, dell'interoperabilità di Polkadot, dell'inclusione finanziaria di Stellar e di molte altre criptovalute. Ogni criptovaluta mira a risolvere un problema diverso e serve uno scopo distinto, creando nuove opportunità di interruzione e innovazione in numerose industrie. Individui e aziende possono ottenere una comprensione più profonda dell'ecosistema degli asset digitali e prendere in considerazione gli effetti e le opportunità che portano esplorando queste criptovalute alternative.

Esplorare il potenziale della tecnologia blockchain al di là del Bitcoin

Anche se la tecnologia blockchain è stata inizialmente resa popolare da Bitcoin, ha molti utilizzi che vanno ben oltre le sole criptovalute. Questa sezione metterà in evidenza il potenziale trasformativo della tecnologia blockchain in una vasta gamma di settori. Esamineremo le proprietà fondamentali della blockchain, come decentralizzazione, trasparenza, immutabilità e sicurezza. Cerchiamo di illuminare l'enorme potenziale della tecnologia blockchain al di là di Bitcoin analizzando casi d'uso concreti, difficoltà e prospettive future.

Spargendo i dati tra numerosi nodi e ottenendo consenso attraverso tecniche di consenso come il Proof of Work (PoW) o il Proof of Stake (PoS), la tecnologia blockchain abilita reti decentralizzate. Di conseguenza, non c'è bisogno di autorità centralizzate, e la fiducia dei partecipanti aumenta.

Tutti i partecipanti possono esaminare e confermare le transazioni registrate sul registro distribuito grazie alla trasparenza della blockchain. La natura quasi immutabile delle transazioni una volta che sono state registrate sulla blockchain migliora la sicurezza e l'integrità dei dati.

Offrendo un registro immutabile e trasparente che segue il flusso dei beni dal punto di origine al consumatore finale, la blockchain può trasformare la gestione della catena di approvvigionamento. Ciò rende possibile aumentare l'ottimizzazione della catena di approvvigionamento, la verifica dell'autenticità e la tracciabilità.

Creando un registro affidabile e impenetrabile della provenienza di un prodotto, garantendo l'autenticità e limitando la circolazione di articoli contraffatti, la tecnologia blockchain può contribuire a combattere frodi e contraffazioni. I pagamenti transfrontalieri potrebbero essere razionalizzati attraverso soluzioni basate su blockchain, riducendo i costi, accelerando le transazioni e ampliando l'accesso finanziario. La tecnologia blockchain ha il potere di trasformare il settore delle rimesse e consentire transazioni dirette tra pari eliminando intermediari.

La finanza decentralizzata (DeFi) ha ora più opzioni grazie ai contratti intelligenti, accordi auto-eseguenti memorizzati sulla blockchain. Le piattaforme basate su blockchain stanno trasformando i servizi finanziari tradizionali consentendo lo sviluppo di sistemi decentralizzati di prestito, prestito e trading.

Una base sicura e decentralizzata per la gestione dei dati sanitari è fornita dalla tecnologia blockchain. La blockchain può essere utilizzata per memorizzare dati dei pazienti, condurre ricerche mediche e gestire il consenso preservando l'integrità dei dati, la privacy e l'interoperabilità.

I problemi dell'industria farmaceutica con l'autenticazione dei farmaci e le catene di approvvigionamento possono essere risolti con la blockchain. La blockchain aumenta la trasparenza, riduce l'incidenza di farmaci contraffatti e migliora la sicurezza dei pazienti tracciando il movimento dei farmaci lungo la catena di approvvigionamento.

I sistemi di voto basati su blockchain possono migliorare la responsabilità, ridurre le frodi e aumentare la fiducia degli elettori nel processo politico. I record immutabili della blockchain garantiscono l'accuratezza delle informazioni sul voto e rendono le verifiche rapide e facili.

La tecnologia blockchain può dare alle persone il controllo sui propri dati personali e accelerare le procedure di verifica dell'identità fornendo loro identità digitali auto-sovrane. Questo ha effetti su una serie di servizi pubblici, inclusi il rilascio di passaporti, le patenti di guida e i servizi sociali.

La tecnologia blockchain ha ancora problemi di scalabilità dovuti a restrizioni nella capacità di rete e alla velocità di elaborazione delle transazioni. L'obiettivo della ricerca in corso e la creazione di soluzioni innovative è quello di affrontare questi problemi e aprire la strada a una diffusa adozione.

I quadri normativi devono tenere il passo con i miglioramenti tecnologici mentre si sviluppano applicazioni blockchain. Governi e organizzazioni normative devono trovare un equilibrio tra promuovere l'innovazione e rispondere alle questioni legate ai diritti dei consumatori, alla privacy e alla protezione dei dati.

La tecnologia blockchain offre opportunità disruptive in molte aziende e va ben oltre Bitcoin. Offre prospettive di tracciabilità migliorata, procedure più rapide e maggiore fiducia grazie alla sua natura decentralizzata, trasparente e sicura. La blockchain sta modificando processi consolidati e promuovendo l'innovazione in una serie di settori, tra cui la gestione della catena di approvvigionamento, le finanze, l'assistenza sanitaria e il governo. Nonostante gli ostacoli, la ricerca e lo sviluppo continui, così come i quadri legali, aiuteranno la blockchain a raggiungere il suo pieno potenziale. Un futuro più inclusivo e decentralizzato può essere raggiunto abbracciando la tecnologia blockchain con una mentalità orientata al futuro, che può aprire nuove porte per l'efficienza, la trasparenza e la collaborazione.

Sviluppi futuri e tendenze attuali nel settore delle criptovalute

Da quando è stato creato Bitcoin nel 2009, c'è stata una significativa espansione e sviluppo nell'industria delle criptovalute. In questa sezione esamineremo le tendenze attuali e i potenziali cambiamenti futuri nel settore delle criptovalute, mettendo in luce il cammino verso l'innovazione. Esploreremo argomenti importanti come la finanza decentralizzata (DeFi), i token non fungibili (NFT), le valute digitali delle banche centrali (CBDC), le soluzioni di scalabilità e i possibili effetti dello sviluppo tecnologico. Cerchiamo di offrire approfondimenti sul potenziale rivoluzionario delle criptovalute e il loro ruolo nell'influenzare il futuro della finanza e della tecnologia esplorando queste tendenze e sviluppi.

Gli strumenti finanziari decentralizzati (DeFi) si riferiscono all'uso di contratti intelligenti e tecnologia blockchain per replicare prodotti finanziari convenzionali. Coprono prestiti, prestiti, scambi decentralizzati, farming di rendimento, oltre ad altre innovative applicazioni finanziarie.

Il DeFi è cresciuto rapidamente, e ora ci sono diversi protocolli diversi del valore di miliardi di dollari. Il DeFi offre alle persone una maggiore inclusione finanziaria, accesso diretto ai servizi finanziari e l'opportunità di rendimenti più elevati. Tuttavia, esistono ancora difficoltà, tra cui vulnerabilità della sicurezza e problemi normativi.

I token non fungibili (NFT) sono speciali token digitali che rappresentano la proprietà o forniscono una prova di autenticità per beni digitali come musica, opere d'arte e altre cose. Utilizzano la tecnologia blockchain per offrire verificabilità, provenienza e scarsità.

Gli NFT hanno rivoluzionato i settori dell'arte e dell'intrattenimento permettendo agli artisti di guadagnare con le loro opere digitali e interagire direttamente con il loro pubblico. Forniscono nuove fonti di reddito, proprietà frazionata e strutture di royalty aperte. Tuttavia, continuano a esistere problemi legati alla violazione del copyright e alle preoccupazioni ambientali.

Le valute digitali delle banche centrali (CBDC) sono rappresentazioni digitali della valuta fiat di una nazione create e gestite da una banca centrale. Cerca di combinare la programmabilità e l'efficienza delle criptovalute con la stabilità delle valute fiat convenzionali.

Le CBDC hanno vantaggi come una maggiore inclusione finanziaria, una maggiore efficienza nei pagamenti e migliori strumenti di politica monetaria. Tuttavia, nel metterle in pratica, è importante tenere conto di problemi legati alla privacy, alla sicurezza informatica e alla sovranità monetaria.
Esistono problemi di scalabilità con la tecnologia blockchain in termini di capacità di rete e velocità di elaborazione delle transazioni. Le soluzioni di scalabilità

sono essenziali per fornire reti blockchain efficaci e scalabili mentre aumenta la domanda di criptovalute.

Per ridurre la congestione e aumentare la capacità di transazione, vengono utilizzate soluzioni di secondo livello come canali di pagamento e sidechain. La comunicazione tra diversi network blockchain è facilitata attraverso protocolli di interoperabilità come Polkadot e Cosmos, aumentando scalabilità e flessibilità.

La gestione della catena di approvvigionamento, la logistica e l'integrità dei dati sono solo alcune delle industrie che potrebbero trarre vantaggio dalla combinazione di blockchain e tecnologie Internet of Things (IoT). La natura decentralizzata e trasparente della blockchain può migliorare la sicurezza e la fiducia negli ecosistemi IoT.

La privacy dei dati, la gestione dell'identità e le analisi predictive potrebbero tutte essere rivoluzionate dalla fusione di blockchain con l'intelligenza artificiale (AI). La blockchain può fornire agli algoritmi di intelligenza artificiale un framework sicuro e verificabile, aumentando la fiducia e la protezione della privacy.

Le questioni regolamentari sollevate dalle criptovalute sono affrontate con determinazione dai governi e dalle autorità di regolamentazione di tutto il mondo. Per garantire la sicurezza degli investimenti, la conformità alle norme anti-riciclaggio e i diritti dei consumatori, i quadri regolamentari stanno evolvendo.

Standard di interoperabilità, linee guida sulla sicurezza e migliori pratiche sono in fase di sviluppo da parte di organizzazioni di standardizzazione e consorzi industriali. Gli sforzi verso la standardizzazione possono promuovere la cooperazione, migliorare l'interoperabilità e creare quadri uniformi per l'industria delle criptovalute.

Le attuali tendenze e sviluppi futuri nello spazio delle criptovalute segnalano un'era trasformativa nella tecnologia e nelle finanze. Le forze chiave dietro l'innovazione includono DeFi, NFT, CBDC, soluzioni di scalabilità e future tecnologie. Nonostante le difficoltà, è impossibile ignorare i potenziali vantaggi delle criptovalute in termini di diritti di proprietà, efficienza e sicurezza. Il futuro delle criptovalute sarà plasmato dalla collaborazione degli stakeholder, dalla chiarezza legislativa e dagli sviluppi tecnologici, aprendo la strada a un sistema finanziario globale più decentralizzato, inclusivo ed efficace. Abbracciare il potenziale di queste tendenze e sviluppi può aprire nuove opportunità e suscitare un cambiamento positivo mentre l'industria delle criptovalute continua a fiorire.

Previsioni e possibilità per il futuro del Bitcoin

Dalla sua nascita, Bitcoin, la criptovaluta originale, ha completamente modificato il panorama finanziario. È ragionevole fare previsioni sul percorso di Bitcoin e sugli effetti potenziali mentre continua a guadagnare popolarità. Il futuro di Bitcoin verrà predetto e discusso in questa sezione, tenendo conto di elementi importanti tra cui accettazione, regolamentazione, sviluppo tecnologico, tendenze macroeconomiche e cambiamenti sociologici. Vogliamo offrire approfondimenti sulle possibili direzioni che Bitcoin potrebbe prendere e sul suo potenziale trasformativo valutando queste caratteristiche.

Il crescente coinvolgimento degli investitori istituzionali nel mercato delle criptovalute è un segno dell'espansione del potenziale e dell'accettazione di Bitcoin. Grandi aziende, fondi speculativi e gestori di patrimoni potrebbero effettuare investimenti che aumentano la liquidità, la stabilità e l'accettazione del mercato.

È possibile che Bitcoin sostituisca gradualmente le valute tradizionali per le transazioni quotidiane man mano che sempre più negozi e servizi iniziano ad accettarlo come pagamento. Una più ampia adozione e utilizzo di Bitcoin può essere facilitata dall'incorporazione di gateway di pagamento per esso e dalla creazione di portafogli user-friendly.

Le regolamentazioni che governano le criptovalute sono in continuo cambiamento. Le imprese e gli investitori potrebbero accettare Bitcoin più ampiamente e integrarlo nelle istituzioni finanziarie convenzionali se le regolamentazioni sono chiare e favorevoli ad esso.

Il potenziale per le banche centrali di emettere denaro virtuale o lavorare con criptovalute già esistenti come Bitcoin potrebbe contribuire a colmare il divario tra valute fiat centralizzate e valute digitali decentralizzate. Da questa integrazione possono derivare maggiore efficienza, inclusione finanziaria e stabilità.

Tecnologie di secondo livello come il Lightning Network possono alleviare i problemi di scalabilità di Bitcoin abilitando transazioni più veloci e meno costose fuori catena mentre utilizzano la sicurezza della blockchain sottostante.

L'introduzione di transazioni confidenziali o prove a conoscenza zero, ad esempio, sono progressi tecnologici mirati a rafforzare le caratteristiche di privacy all'interno della rete Bitcoin. Questi progressi possono rafforzare la privacy degli utenti e aumentare l'adozione tra individui e organizzazioni attenti alla privacy.

Grazie alla sua scarsità e alla sua struttura decentralizzata, Bitcoin ha il potenziale di agire come copertura contro l'inflazione e altri rischi economici. Man mano che i sistemi finanziari mondiali incontrano difficoltà, Bitcoin potrebbe essere sempre più considerato come un deposito di valore, attirando investitori alla ricerca di un sostituto virtuale per gli asset tradizionali.

Bitcoin può offrire un'alternativa decentralizzata e accessibile in nazioni con valute instabili o accesso limitato ai servizi bancari convenzionali. L'uso di Bitcoin potrebbe aumentare a livello globale e modificare l'inclusione finanziaria come risultato della crescente popolarità nei mercati emergenti.

La promessa di Bitcoin come affidabile asset digitale decentralizzato potrebbe diventare sempre più evidente mano a mano che la trasformazione digitale si diffonde attraverso le industrie. Le crisi economiche possono erodere la fiducia pubblica nei sistemi finanziari consolidati, aumentando la domanda di alternative finanziarie.

La percezione e l'adozione delle criptovalute come Bitcoin possono essere influenzate da instabilità geopolitica e conflitti valutari. Come asset digitale senza confini e resistente alla censura, Bitcoin potrebbe diventare più popolare in aree dove le persone desiderano esercitare la propria indipendenza finanziaria o aggirare regolamentazioni sul capitale.

L'attenzione potrebbe spostarsi verso la risoluzione di problemi come il consumo energetico legato all'estrazione di Bitcoin. La sostenibilità della rete Bitcoin può essere migliorata continuando ad adottare fonti di energia rinnovabile e creando tecniche di estrazione più efficienti dal punto di vista energetico.

Potrebbero esserci iniziative per promuovere la neutralità del carbonio e ridurre l'impatto ambientale di Bitcoin. La rete può essere resa conforme alle pratiche sostenibili mediante l'incorporazione di crediti di carbonio o il finanziamento di progetti ecologici utilizzando metodi basati su Bitcoin.

Il potenziale futuro di Bitcoin di cambiare il mondo è vasto. Con l'aumento dell'adozione, i cambiamenti nei quadri legali, lo sviluppo di nuove tecnologie e il cambiamento delle opinioni pubbliche, Bitcoin potrebbe finire per giocare un ruolo più grande nel sistema finanziario mondiale. La sua funzione come mezzo di scambio, deposito di valore e classe di attivo decentralizzata ha il potenziale per trasformare la finanza convenzionale, espandere l'inclusione finanziaria e stimolare l'innovazione. La resilienza di Bitcoin, i suoi fondamenti tecnologici e la sua comunità in espansione offrono una solida piattaforma per il suo continuo sviluppo ed evoluzione anche se difficoltà e incertezze ancora persistono. Bitcoin ha la capacità di aprire la strada a un futuro digitale che potenzia le persone, promuove l'indipendenza finanziaria e apre nuove vie per il progresso economico abbracciando le possibilità e risolvendo i problemi.

CONCLUSIONE

Riepilogo dei punti chiave trattati nell'e-book

Nel corso di questo e-book, abbiamo esplorato una varietà di aspetti del Bitcoin, tra cui le sue fondamenta, la sua storia storica, le sue basi tecnologiche, le sue applicazioni pratiche e le preoccupazioni regolamentari che lo circondano. In questa sezione, esamineremo gli argomenti più importanti trattati nell'e-book, fornendo un breve riassunto dei concetti più importanti e delle intuizioni ottenute dalla nostra indagine sull'ambiente Bitcoin. Lo scopo di questa sezione è fornire una panoramica completa e rafforzare le conoscenze apprese nel resto dell'e-book esaminando alcune questioni essenziali.

I. Comprendere il Bitcoin:

Per cominciare, abbiamo approfondito le fondamenta del Bitcoin, coprendo argomenti come la sua natura decentralizzata, l'idea alla base della tecnologia blockchain e la funzione della crittografia nel garantire la sicurezza delle transazioni Bitcoin. Abbiamo esaminato le possibilità del Bitcoin sia come mezzo di scambio sia come modo per conservare valore, evidenziando i modi in cui le transazioni Bitcoin sono diverse da quelle che coinvolgono le valute tradizionali.

II. Esplorare la Storia del Bitcoin:

Abbiamo intrapreso un viaggio attraverso la storia del Bitcoin, partendo dalle sue misteriose origini con la pubblicazione del whitepaper del Bitcoin da parte di Satoshi Nakamoto e progredendo attraverso la sua rapida espansione, le oscillazioni di mercato e il riconoscimento da parte del mainstream. Abbiamo parlato di importanti traguardi, eventi significativi e figure influenti che hanno giocato un ruolo nell'evoluzione e nella popolarità del Bitcoin nel corso della sua esistenza.

III. Concetti Chiave: Blockchain, Decentralizzazione e Crittografia:

Abbiamo esaminato alcune delle idee chiave del Bitcoin, come la blockchain, la decentralizzazione e la crittografia. Abbiamo discusso di come la blockchain possa essere considerata come un registro decentralizzato che non solo registra tutte le transazioni Bitcoin, ma ne garantisce anche la trasparenza, l'immutabilità e la sicurezza. Oltre a questo, abbiamo parlato dei vantaggi e degli svantaggi della decentralizzazione, così come del ruolo cruciale che i metodi crittografici svolgono nel garantire la sicurezza delle transazioni Bitcoin.

IV. Come il Bitcoin Differisce dalle Valute Tradizionali:

In questa parte, abbiamo confrontato il Bitcoin con le tradizionali valute fiat e abbiamo enfatizzato le differenze più importanti tra le due. Abbiamo parlato di come il Bitcoin sia decentralizzato, di come il suo approvvigionamento sia limitato e di come sia indipendente dalle banche centrali e dall'autorità governativa. Le conseguenze della volatilità del Bitcoin, della velocità delle transazioni e del potenziale per l'inclusione finanziaria e le transazioni senza confini sono state anche indagate in questa parte dell'e-book.

V. Configurare un Portafoglio Bitcoin:

Abbiamo fornito istruzioni su come creare un portafoglio Bitcoin, durante le quali abbiamo discusso delle varie opzioni di portafoglio attualmente disponibili, come portafogli software, portafogli hardware e portafogli online. Per quanto riguarda la protezione dei propri asset di Bitcoin, abbiamo sottolineato l'importanza di prendere precauzioni come l'uso di password complesse, l'autenticazione a due fattori e il backup regolare.

VI. Scegliere una Borsa Bitcoin Affidabile:

Scegliere una borsa Bitcoin affidabile richiede una riflessione attenta e abbiamo esaminato alcuni dei migliori metodi per farlo. Abbiamo indagato su aspetti come le commissioni di negoziazione, la liquidità, il servizio clienti e la conformità normativa, così come sull'esperienza dell'utente e sulle misure di sicurezza. Prima di decidere su una borsa, abbiamo sottolineato quanto sia importante condurre prima una ricerca esaustiva ed esercitare la dovuta diligenza.

VII. Proteggere i Tuoi Asset di Bitcoin:

Abbiamo indagato sui metodi più efficaci di protezione contro frodi, furti e attacchi informatici, poiché eravamo consapevoli della necessità di garantire la sicurezza dei propri asset di Bitcoin. Abbiamo parlato di altre soluzioni, come lo storage a freddo, i portafogli che richiedono firme multiple e l'uso di portafogli hardware. Inoltre, abbiamo enfatizzato l'importanza di utilizzare sempre le versioni più recenti di software ed apparecchiature, rimanere vigili contro tentativi di phishing e seguire procedure di sicurezza rigorose.

VIII. Acquistare il Tuo Primo Bitcoin:

Abbiamo pubblicato una guida dettagliata su come acquistare Bitcoin, in cui affrontiamo diverse opzioni tra cui scambi peer-to-peer, scambi centralizzati e Bitcoin ATM. Abbiamo sottolineato quanto sia importante condurre transazioni su piattaforme che hanno una buona reputazione, utilizzare metodi di pagamento sicuri e essere consapevoli dei potenziali pericoli e della volatilità del mercato.

IX. Esplorare Diversi Tipi di Portafogli Bitcoin:

Abbiamo approfondito i molti diversi tipi di portafogli Bitcoin, che includono portafogli mobili, portafogli di carta, portafogli hardware e anche portafogli software. Abbiamo esplorato le loro caratteristiche, vantaggi e considerazioni, con l'obiettivo di assistere i lettori nella selezione della scelta del portafoglio che meglio soddisfa le loro esigenze, preferenze di facilità d'uso e livelli di sicurezza preferiti.

X. Comprendere gli Indirizzi Bitcoin e le Chiavi Private:

Abbiamo spiegato come vengono generati, conservati e utilizzati gli indirizzi Bitcoin e le chiavi private nelle transazioni Bitcoin, eliminando così parte del mistero che li circonda. Poiché sono il mezzo attraverso il quale gli asset di Bitcoin possono essere controllati e accessati, abbiamo enfatizzato la necessità di mantenere le chiavi private al sicuro. Abbiamo parlato dell'importanza di conservare in modo sicuro le chiavi private, nonché di come utilizzare frasi mnemoniche e diverse soluzioni di backup.

XI. Utilizzare Bitcoin per le Transazioni:

Abbiamo esplorato le questioni pratiche dell'utilizzo di Bitcoin per le transazioni e parlato del processo di invio e ricezione di pagamenti Bitcoin come parte della nostra ricerca. Abbiamo discusso della funzione delle commissioni di transazione, dell'importanza della convalida dei dati di transazione e dell'importanza dell'utilizzo dei codici QR per semplificare il processo di pagamento. Inoltre, abbiamo discusso dei possibili vantaggi dell'utilizzo di Bitcoin per gli affari internazionali e lo shopping online.

XII. Invio e Ricezione di Pagamenti Bitcoin:

Abbiamo offerto una spiegazione completa dei passaggi coinvolti nell'invio e nella ricezione di pagamenti utilizzando Bitcoin, sottolineando la necessità di indirizzi destinatari precisi, conferme di transazione e sincronizzazione del portafoglio durante la nostra discussione. Abbiamo anche esplorato soluzioni potenziali per la scalabilità delle transazioni e discusso del ruolo che le commissioni di transazione svolgono nel garantire che le conferme vengano inviate in tempo.

XIII. Come Funziona il Mining di Bitcoin:

Abbiamo eliminato parte del mistero attorno al processo di mining di Bitcoin elaborando sul ruolo che i minatori svolgono nel mantenere l'integrità della rete e confermare le transazioni. Durante la discussione, abbiamo coperto il metodo di risoluzione di puzzle computazionali, i benefici per il mining e l'idea di pool di mining. Abbiamo anche portato l'attenzione sulla quantità di energia consumata dal mining e gli sforzi in corso per stabilire processi di mining più ecologici.

XIV. Opzioni di Hardware e Software per il Mining:

Abbiamo esaminato le diverse opzioni hardware e software disponibili per il mining di Bitcoin, e abbiamo parlato di come l'attrezzatura per il mining sia progredita dai processori general-purpose alle specifiche unità ASIC (Application-Specific Integrated Circuit). Abbiamo discusso dell'importanza del calcolo della redditività del mining prendendo in considerazione una varietà di criteri, tra cui la difficoltà di mining, il costo dell'energia e le prestazioni dell'hardware di mining. Abbiamo anche parlato delle varie soluzioni software per il mining e della loro importanza nel rendere le operazioni di mining più efficienti.

XV. Unirsi a un Pool di Mining:

Abbiamo discusso dei vantaggi e delle cose da considerare prima di unirsi a un pool di mining. Un'organizzazione di minatori nota come pool di mining coopera per aumentare la probabilità di successo nell'estrazione di un blocco e dividere le ricompense. Abbiamo esaminato le varie forme di pool di mining, le commissioni associate a ciascuno e i criteri che dovrebbero essere considerati nella selezione di un pool. Abbiamo sottolineato l'importanza di fare ricerca sulla reputazione del pool, sulla durabilità della rete e sui processi di pagamento.

XVI. Il Ruolo della Blockchain nella Sicurezza delle Transazioni Bitcoin:

Abbiamo attirato l'attenzione sul ruolo fondamentale che la blockchain svolge nel processo di protezione delle transazioni Bitcoin offrendo un registro decentralizzato e inalterabile di tutte le transazioni Bitcoin. Abbiamo esaminato le varie tecniche di consenso, tra cui il proof of work e il proof of stake, responsabili di garantire la legittimità delle transazioni e la sicurezza delle reti. Abbiamo anche esplorato i modi in cui la tecnologia blockchain potrebbe essere utilizzata per scopi diversi dal Bitcoin.

XVII. Migliori Pratiche per la Sicurezza dei Tuoi Bitcoin:

Abbiamo fornito una guida approfondita sui metodi più efficaci per proteggere gli asset di Bitcoin, che includevano raccomandazioni per la creazione di password robuste, l'implementazione dell'autenticazione a due fattori, l'utilizzo di portafogli multi-firma e l'aggiornamento regolare di software e firmware. Abbiamo sottolineato l'importanza dello storage offline e delle scelte per i backup sicuri come strategia di mitigazione del rischio.

XVIII. Proteggersi dagli Hacking e le Truffe:

Abbiamo discusso diversi modi per proteggersi dai pericoli che i pirati informatici e le truffe nel campo delle criptovalute comportano perché siamo consapevoli di questi pericoli. Abbiamo discusso dell'importanza del mantenimento di una buona igiene della sicurezza informatica, dell'essere consapevoli dei tentativi di phishing e di rimanere vigili contro schemi fraudolenti. Per quanto riguarda le attività legate alle criptovalute, forniamo anche indicazioni su come riconoscere siti affidabili e su come condurre una ricerca accurata.

XIX. Considerazioni sulla Privacy nell'Uso di Bitcoin:

Abbiamo discusso della natura pseudonima delle transazioni Bitcoin e degli approcci potenziali per aumentare la privacy come il mixing di valute e l'uso di portafogli focalizzati sulla privacy come parte della nostra esplorazione delle implicazioni sulla privacy nell'uso di Bitcoin. Abbiamo esaminato i compromessi che possono essere fatti tra privacy e conformità normativa, con un focus sull'importanza di essere consapevoli delle implicazioni sulla privacy nell'uso di criptovalute come Bitcoin.

XX. Anonimato Versus Trasparenza nella Rete Bitcoin:

Abbiamo approfondito la tensione esistente nella rete Bitcoin tra anonimato e trasparenza, discutendo della natura pseudonima delle transazioni e della possibilità che l'analisi della blockchain possa rivelare pattern nel comportamento delle transazioni. Abbiamo esaminato le difficoltà e le preoccupazioni legate alla privacy, alla legislazione e all'esigenza di apertura in diversi casi d'uso.

XXI. Comprendere la Volatilità del Prezzo di Bitcoin:

Abbiamo esplorato gli elementi che contribuiscono alla volatilità del prezzo di Bitcoin, come i cambiamenti nella domanda di mercato e il sentiment degli investitori, così come i movimenti nelle politiche macroeconomiche e regolamentari. Abbiamo esaminato i rischi e le opportunità associati alla volatilità dei prezzi e abbiamo sottolineato la necessità di gestione del rischio e strategie di investimento a lungo termine.

XXII. Diverse Approcci al Trading di Bitcoin:

Abbiamo esaminato una varietà di modi per fare trading di Bitcoin, inclusi il day trading, lo swing trading e l'investimento a lungo termine. Abbiamo discusso dell'importanza della gestione del rischio, dell'analisi tecnica e dell'analisi fondamentale nel processo di prendere decisioni informate sul trading. Inoltre, abbiamo sottolineato quanto sia importante essere consapevoli delle tendenze di mercato, avere aspettative realistiche e ideare un piano di trading metodico.

XXIII. Strategie di Investimento a Lungo Termine:

Abbiamo discusso idee di investimento a lungo termine per Bitcoin, con un focus sull'importanza di mantenere un portafoglio diversificato, utilizzare la media del costo in dollari e avere una conoscenza fondamentale della proposta di valore di Bitcoin. Abbiamo parlato dei potenziali vantaggi e delle cose da considerare quando si fa un investimento a lungo termine in Bitcoin come modo per proteggere la propria ricchezza dagli effetti dell'inflazione.

XXIV. Gestione dei Rischi e Evitare Trappole Comuni:

Nel lavorare con Bitcoin, abbiamo enfatizzato quanto sia importante gestire correttamente i rischi e evitare errori comuni. Abbiamo parlato dell'importanza di condurre ricerche approfondite, di avere una solida comprensione della meccanica del mercato e di evitare investimenti speculativi e truffe. Inoltre, abbiamo discusso della necessità di rimanere consapevoli ed educati, così come delle tecniche di riduzione del rischio che possono essere utilizzate.

XXV. Panoramica delle Regolamentazioni su Bitcoin a Livello Mondiale:

Abbiamo discusso delle diverse tattiche adottate da varie nazioni e giurisdizioni mentre esaminavamo il panorama regolatorio globale che circonda Bitcoin. Abbiamo attirato l'attenzione sull'importanza della chiarezza regolatoria, della sicurezza degli investitori e degli sforzi per combattere il riciclaggio di denaro. Quando si intraprendono attività legate a Bitcoin, abbiamo sottolineato quanto sia importante assicurarsi di essere sempre conformi alle regole locali.

XXVI. Implicazioni Fiscali delle Transazioni Bitcoin:

Abbiamo fornito una panoramica delle implicazioni fiscali delle transazioni Bitcoin, inclusi argomenti come l'imposta sulle plusvalenze, i requisiti per la presentazione di rapporti e le difficoltà connesse con il monitoraggio delle transazioni. Abbiamo evidenziato quanto sia importante mettersi in contatto con professionisti fiscali al fine di garantire la conformità con la legislazione fiscale vigente in ciascun paese.

XXVII. Sfide Legali e Controversie su Bitcoin:

Abbiamo indagato sulle ambiguità regolatorie, sulle repressioni politiche e sui conflitti legali che circondano Bitcoin, così come sui problemi legali e le controversie ad esso collegati. Abbiamo parlato dell'eventuale influenza sull'adozione di Bitcoin, così come della necessità di continuare a sviluppare quadri legislativi che trovino un equilibrio tra innovazione e protezione dei consumatori.

XXVIII. Prospettive Future per la Regolamentazione di Bitcoin:

Abbiamo preso in considerazione il cambiamento del panorama regolatorio, la cooperazione internazionale e l'integrazione delle valute digitali nei sistemi finanziari tradizionali mentre analizzavamo le prospettive future per la regolamentazione di Bitcoin. Ammettendo le difficoltà nel trovare il giusto equilibrio tra innovazione e stabilità, abbiamo parlato dei potenziali vantaggi della trasparenza regolatoria e della collaborazione.

In questo e-book, abbiamo intrapreso un viaggio nel panorama di Bitcoin, investigando la sua storia, i principi fondamentali, l'uso pratico, le implicazioni regolatorie e le prospettive future. Speriamo che fornendo un riassunto degli aspetti più importanti discussi, non solo abbiamo fornito al pubblico una buona comprensione di Bitcoin, ma li abbiamo anche dotati delle conoscenze e degli strumenti necessari per attraversare efficacemente il mondo delle criptovalute. Con Bitcoin e il settore delle criptovalute che continuano a svilupparsi, sarà vitale per individui e organizzazioni rimanere informati, adottare misure di sicurezza di base e adattarsi ai cambiamenti nelle regolamentazioni legislative per sfruttare il potenziale rivoluzionario di questa tecnologia innovativa.

Incentivare i lettori a continuare a imparare sul Bitcoin

Durante il corso di questo e-book, abbiamo indagato il diversificato mondo di Bitcoin, esplorando la sua storia così come le sue fondamenta tecnologiche, le applicazioni pratiche e le preoccupazioni regolatorie. Mentre arriviamo alla fine del nostro viaggio, è essenziale sottolineare l'importanza della continua educazione e coinvolgimento nell'incessante evoluzione del mondo delle criptovalute. In questa sezione, incoraggeremo e indirizzeremo i lettori a continuare la loro scoperta educativa di Bitcoin mostrando il potenziale trasformativo, la crescita personale e le emozionanti possibilità che attendono coloro che abbracciano questa tecnologia rivoluzionaria.

Un cambiamento di paradigma sia nel mondo della finanza che nel mondo della tecnologia è stato portato da Bitcoin. Le persone sono in grado di ottenere sovranità finanziaria, sfidare sistemi di potere consolidati e contribuire a un'economia globale più inclusiva ed equa quando abbracciano la natura decentralizzata, trasparente e sicura delle criptovalute. La consapevolezza che Bitcoin ha la capacità di interrompere interi settori, incoraggiare l'innovazione e dare alle persone più controllo sulla propria vita è un motore per il proprio sviluppo nonché un contributo a un futuro più desiderabile.

Il mercato di Bitcoin è altamente dinamico e in costante evoluzione. Il lettore è in grado di partecipare attivamente all'evoluzione continua di Bitcoin purché tenga aggiornati su gli sviluppi più recenti, le nuove tendenze e i cambiamenti regolamentari. Partecipando a fonti di notizie credibili, forum di settore e piattaforme educative, è possibile acquisire conoscenze approfondite e avere una comprensione più profonda delle complessità e delle sfumature dell'ambiente Bitcoin.

Bitcoin è fondato su una tecnologia innovativa e il suo successo dipenderà dal continuo sviluppo della tecnologia blockchain, della crittografia e dell'architettura di sistema decentralizzata. Saranno in grado di rimanere al passo con gli sviluppi e comprendere appieno il potenziale tecnologico di Bitcoin se saranno incoraggiati ad esplorare le tecnologie future come le soluzioni di livello 2, i progressi nella privacy e i protocolli di interoperabilità. Ciò può essere realizzato incoraggiando i lettori a studiare tali tecnologie.

L'influenza di Bitcoin non è limitata alla sfera del denaro. La sua tecnologia blockchain sottostante ha la capacità di rivoluzionare una varietà di settori diversi, tra cui assistenza sanitaria, sistemi di voto, verifica dell'identità e gestione delle catene di approvvigionamento. I lettori possono comprendere meglio le possibilità trasformative e le opportunità di innovazione e interruzione nei rispettivi settori approfondendo queste applicazioni.

L'istruzione su Bitcoin, insieme alla conoscenza finanziaria e a misure di sicurezza solide, dovrebbe andare di pari passo. Non solo incoraggiare i lettori a approfondire la loro comprensione delle finanze personali, delle tecniche di investimento, della gestione del rischio e della sicurezza informatica migliora la loro capacità di navigare nel panorama di Bitcoin, ma promuove anche la partecipazione responsabile e sicura nell'ampio ecosistema delle criptovalute.

Sviluppatori, imprenditori, appassionati di criptovalute e studiosi costituiscono tutti la comunità Bitcoin, che è un ecosistema prospero e variegato. Per sviluppare opportunità di collaborazione, scambio di conoscenze e networking, è importante incoraggiare i lettori a partecipare attivamente a questa comunità. Partecipare a forum online, frequentare conferenze di persona e diventare membri di gruppi di incontri locali contribuisce tutti alla creazione di un senso di appartenenza, fornendo nel contempo opportunità di crescita personale e professionale.

Lo sviluppo di Bitcoin è ancora nei suoi primi stadi, il che significa che c'è un campo praticamente infinito per l'innovazione. L'indagine di nuovi concetti, progetti e casi d'uso è resa possibile incoraggiando i lettori a impegnarsi nel pensiero critico, a sfidare le norme consolidate e a esplorare percorsi potenziali per l'esperimento. I lettori hanno la possibilità di contribuire attivamente alla crescita continua e all'adozione diffusa di Bitcoin se incoraggiano una mentalità di curiosità e creatività in se stessi.

Gli effetti di Bitcoin diventano più evidenti nel tempo, e potrebbero passare anni, o addirittura decenni, prima che comprendiamo appieno il suo effettivo potenziale. Pazienza, resilienza e capacità di resistere alla volatilità del mercato e alle sfide regolamentari sono tutte caratteristiche che possono essere coltivate incoraggiando i lettori ad adottare una prospettiva a lungo termine. È importante sottolineare la necessità di mantenere un impegno costante nell'apprendimento, nell'adattamento e nel cambiamento per garantire che i lettori continuino a essere partecipanti attivi nel percorso trasformativo di Bitcoin.

Bitcoin è un fenomeno che attraversa i confini internazionali e non è influenzato dalle norme culturali perché opera su una rete decentralizzata. Una prospettiva globale può essere promossa incoraggiando i lettori a indagare sull'impatto che Bitcoin ha prodotto in una varietà di settori e a comprendere la moltitudine di difficoltà e opportunità che porta. I lettori sviluppano una comprensione più olistica dell'influenza di Bitcoin in tutto il mondo quando interagiscono con persone provenienti da una varietà di contesti culturali e socioeconomici e ottengono conoscenze sugli sforzi e gli sviluppi locali.

Mentre arriviamo alla fine di questo e-book, vorremmo incoraggiare i lettori a continuare il proprio percorso educativo personale e ad approfondire ulteriormente la conoscenza di Bitcoin. I lettori possono mettersi in prima linea di questa tecnologia innovativa mantenendo una mentalità aperta alle nuove informazioni, partecipando attivamente alla comunità Bitcoin e abbracciando un apprendimento costante. Bitcoin ha un'enorme opportunità di interrompere intere imprese, dare alle persone maggiori possibilità d'azione e ampliare l'accesso ai servizi finanziari. I lettori hanno la possibilità di contribuire a un futuro decentralizzato ed equo, alimentare la propria crescita personale e scatenare entusiasmanti opportunità di innovazione e impatto se partecipano attivamente all'ecosistema Bitcoin. Le informazioni ottenute dalla lettura di questo e-book dovrebbero servire come punto di partenza per un impegno continuo nell'apprendimento, nell'innovazione e nel prendere un ruolo attivo nella rivoluzione in corso che Bitcoin sta portando avanti.

Considerazioni finali sull'impatto potenziale del Bitcoin

Per l'intera durata di questo e-book, abbiamo esplorato le complessità e il potenziale rivoluzionario di Bitcoin, iniziando con le sue basi tecnologiche e procedendo attraverso i suoi utilizzi pratici e le prospettive future. In questa sezione, presenteremo le nostre considerazioni finali sull'influenza possibile di Bitcoin, tenendo conto delle sue implicazioni per il settore finanziario, l'avanzamento tecnologico, la società e l'economia nel suo complesso. Speriamo di fornire un quadro vivido del tremendo impatto che Bitcoin è in grado di avere sul processo di costruzione del mondo in cui viviamo riflettendo sulle informazioni acquisite e sulle possibilità che ci si presentano.

Bitcoin ha il potenziale per trasformare lo stato attuale del sistema finanziario globale poiché presenta un'alternativa ai sistemi bancari consolidati e all'autorità centralizzata. Il fatto che sia decentralizzato rende possibile le transazioni peer-to-peer, trasferimenti non vincolati da confini e un maggiore coinvolgimento finanziario. La capacità di Bitcoin di eliminare gli intermediari e ridurre le commissioni di transazione apre la strada per un accesso a una gamma più ampia di servizi finanziari per le popolazioni non bancarizzate e sottobancarizzate. Ciò, a sua volta, apre la strada a una maggiore autonomia economica per questi gruppi.

Gli avanzamenti tecnologici resi possibili da Bitcoin, in particolare la tecnologia blockchain che lo sostiene, hanno il potenziale per interrompere una vasta gamma di attività oltre al settore finanziario. La caratteristica immutabile e trasparente della tecnologia blockchain ha il potenziale per trasformare sistemi consolidati e incoraggiare l'innovazione in vari settori, tra cui la gestione delle catene di approvvigionamento, l'assistenza sanitaria, i sistemi di voto e i diritti di proprietà intellettuale. La fondazione di Bitcoin consente la creazione di contratti intelligenti e applicazioni decentralizzate, che offrono possibilità illimitate per aumentare l'efficienza, la sicurezza e la fiducia.

Un'innovativa e preziosa risorsa è Bitcoin, una valuta digitale decentralizzata che consente agli individui di ottenere il controllo sui loro beni monetari e sulle loro identità. Grazie al suo carattere pseudonimo, offre un livello di segretezza che non è sempre garantito dai sistemi bancari tradizionali. Bitcoin si allinea con le idee di identificazione auto-sovrana e supporta i diritti alla privacy in un mondo che sta diventando sempre più digitale. Ciò è realizzato fornendo agli individui la proprietà e il controllo sui dati personali che li riguardano.

Bitcoin rappresenta una sfida alle consolidate strutture di potere centralizzato, non solo nel settore finanziario ma anche al di fuori di esso. A causa del suo strutturarsi, che è decentralizzato e distribuito, sfida il monopolio che i governi e le banche centrali hanno sul controllo delle politiche monetarie e dei sistemi finanziari. Poiché Bitcoin può consentire transazioni transfrontaliere senza la necessità di intermediari, l'influenza delle barriere regolamentari è ridotta, e ora è possibile per le interazioni finanziarie avvenire al di fuori dei confini geopolitici.

In tempi di imprevedibilità economica, un asset che ha un'offerta limitata ed è intrinsecamente deflazionistico, come Bitcoin, è probabile che sia desiderabile. Bitcoin offre un'opportunità per gli investitori che cercano una potenziale protezione contro i rischi di inflazione e svalutazione associati alle valute fiat tradizionali. Individui e istituzioni hanno una maggiore opportunità di preservare la propria ricchezza e ridurre gli effetti negativi delle recessioni economiche se diversificano i loro portafogli di investimento includendo Bitcoin.

Una delle più importanti implicazioni di questa valuta digitale decentralizzata, Bitcoin, è la sua capacità di ridurre le barriere all'ingresso nel sistema finanziario. Gli individui che vivono in luoghi svantaggiati sono in grado di accedere all'ecosistema finanziario globale attraverso l'uso di uno smartphone e una connessione internet. Ciò consente loro di partecipare alle attività economiche e inviare e ricevere valore in modo sicuro ed efficace. Bitcoin ha il potenziale per dare potere alle comunità precedentemente svantaggiate fornendo loro accesso a opportunità economiche precedentemente non disponibili e rimuovendo ostacoli tradizionali alla partecipazione.

Il significato di Bitcoin si estende oltre i confini del suo stesso ecosistema. Mentre Bitcoin continua a svilupparsi e a ottenere un riconoscimento diffuso, agisce come catalizzatore per miglioramenti tecnologici in crittografia, sicurezza informatica e sistemi distribuiti. Ciò avviene perché Bitcoin funziona come una valuta digitale decentralizzata. I problemi e i requisiti di Bitcoin contribuiscono al panorama tecnologico più ampio, incoraggiando l'innovazione e plasmando il futuro della tecnologia nel suo complesso. Questo è realizzato attraverso la ricerca e lo sviluppo promossi da Bitcoin.

L'immutabilità e la trasparenza della blockchain di Bitcoin ispirano fiducia nell'integrità dei dati e nella legittimità delle transazioni finanziarie e delle catene di approvvigionamento. Bitcoin incoraggia la trasparenza e la responsabilità eliminando la necessità di intermediari di terze parti e introducendo un registro che non può essere alterato. Questo aumento della fiducia ha il potenziale per trasformare le relazioni aziendali, migliorare le procedure di revisione e creare un ambiente più efficiente ed etico per condurre transazioni commerciali e tenere registri.

Nonostante Bitcoin possa avere un'enorme influenza in futuro, ci sono ancora molte sfide e incognite. Ci sono diversi ostacoli da superare, tra cui quadri regolamentari, preoccupazioni per la scala, preoccupazioni per la sostenibilità ambientale e barriere all'accettazione per gli utenti. Tuttavia, le lezioni della storia dimostrano che il potenziale trasformativo dell'innovazione può spesso superare le difficoltà iniziali, e l'ecosistema circostante Bitcoin continua ad adattarsi ed espandersi.

Bitcoin è un'innovazione rivoluzionaria che avrà un impatto non solo sull'industria finanziaria ma anche sulla tecnologia e sul modo in cui le persone pensano e utilizzano il denaro. Ha il potenziale per avere un'influenza drammatica, offrendo emancipazione finanziaria, innovazione tecnica e un'economia globale più inclusiva e trasparente. Mentre giungiamo alla fine della nostra esplorazione delle possibilità di Bitcoin, è essenziale immaginare un mondo in cui gli individui abbiano il controllo del proprio destino finanziario, l'innovazione sia incoraggiata e la fiducia sia ristabilita. Possiamo liberare collettivamente una nuova era di possibilità e progettare un mondo che abbracci la decentralizzazione, supporti l'innovazione e permetta agli individui di attraversare l'era digitale con fiducia se comprendiamo l'influenza potenziale che Bitcoin potrebbe avere e partecipiamo attivamente al suo ecosistema.

*Grazie per aver acquistato e letto/ascoltato il nostro libro. Se hai trovato
questo libro utile, ti preghiamo di dedicare alcuni minuti a lasciare una
recensione sulla piattaforma dove hai acquistato il nostro libro. Il tuo feedback è
molto importante per noi.*